人生100年時代の
相続と税
団塊の世代と
団塊ジュニアの方々へ

税理士 大谷 明
Otani Akira

風詠社

はじめに

私は会社勤めをしつつ税理士資格を取得、50歳手前で税理士に転身し、以降約27年間、中小企業の税務や相続関連業務に携わってきました。

相続関連では、遺産分割の話し合い等の中で様々な人間模様や裁判事例に接し、結果として多くの人生勉強をさせてもらいました。

一方で平均寿命は延びたものの、少子超高齢化社会の中で、老々介護や認々相続等が切実な問題になっいることに気づきました。

そして『昭和時代の発想では時代遅れ。相続税額の大小を論じる前に、心準備すべき大事なことがある』と考えるようになりました。

そこで本書では、相続税に入る前に“シルバー期の心得”や“相続関連の法律改正”について、次に相続税や贈与税の概要を説明していますが、節税一辺倒ではなく、一族の幸せのために相続にどう向き合うかの観点から記述しました。

また各種手続き等のイメージがつかみやすいように、「第9章参考資料」に家庭裁判所・税務署等への手続き用紙のページを設けました。

なお相続・贈与の昨今の税制を大局から眺めると、下記二つの相反するとも思える流れがあり、今後の動向を注視していく必要があります。

①経済の活性化を図るために、高齢者の有する資産を早期に若者世代に移転させる施策（各種の贈与特例税制）

②少子高齢化社会で社会保障費の財源不足の補填のため、相続税の増税（2015年）や相続税と贈与税制の一体化の構想

また経済社会や税務のデジタル化に伴い、預金・株式・不動産等の財産情報と戸籍データの連動チェック体制が静かに進行しており、相続税・贈与税の世界も変化してくるものと思います。

なお本書は一般市民の方々を想定した内容をメインとし、超富裕層や会社経営者の方々に関係する記述は少ない点、ご了解ください。

人生100年時代の今、団塊の世代と団塊ジュニアの方々にとって、本書が少しでもお役に立てれば幸いです。

2022年12月
税理士　大　谷　　明

凡　例

① 根拠となる法令・通達等の略称・条項や、具体的な事例として引用した判決・裁決等の検索キィを、それぞれの個所に追記した。

法　令　名	略称	通　達　名	略称
相続税法	相　法	相続税法基本通達	相基通
所得税法	所　法	財産評価基本通達	評基通
法人税法	法　法	所得税法基本通達	所基通
国税通則法	通則法		
租税特別措置法	措　法		

〈記　載　例〉

最高裁判所 2020.12.15 判決………………最高裁 2020.12.15

国税不服審判所 2021.11.20 裁決…………裁決 2021.11.20

相続税法第△△条…………………………相法 § △△

○○ページに関連の記載がある…………☞ P ○○

国税庁 HP タックスアンサー……………タックスアンサー△△（単語で検索）

※判例は「最高裁判所 HP・判例検索」、裁決は「国税不服審判所 HP・裁決要旨」を利用し、また「TKC リーガル・データベース」を併用した。

② 税法に馴染みのない方にも読みやすいように、また端的な表現を心掛けるため、下記左側の言葉を、その右欄の意味で使っている。

故　人	・遺産を残して死亡した人のことを専門書では「被相続人」と呼ぶことが多いが、本書では世間一般的に使われる「故人」の用語を使っている。
争　族	・相続争いの家族をもじった言葉。本書では、相続人間の話し合いが進まず、対立・裁判等の状態に陥っている状態を指す言葉として使っている。

シルバー	・老人とか老年期等の言葉は古色蒼然としており、シルバーと言い換えた。
老々介護	・核家族化と平均寿命の延びの結果、年老いた夫婦の双方が要介護状態。
認々相続	・夫婦とも認知症状態で一方に相続が発生したとき、相続手続きは難渋する。
負 動 産	・富の象徴だった土地・建物は、昨今では場所によっては所有者不明土地や危険な空き家状態の問題も増えており、これらを負動産と言い換えた。

③ 世間では余り馴染みはないが税務の世界では良く出てくる言葉として、下記がある。

国税不服審判所とは （通則法 §78）

・国税庁の組織で全国に 20 か所あり、裁判官出身者や国税職員・税理士・弁護士等で構成され、納税者からの審査請求を受けて審査する。

裁決	・税務署の課税処分に対し異議があるときは、国税不服審判所に審査請求をすることができ、ここが改めて税法解釈や事実認定をしなおし、却下（異議を却下）・取消し（税務署が行った課税処分は不適であり取消す）等の処分を行う。 ・この審判所の結論・その理由等を記載したものが裁決と呼ばれ、話題性のあるものは不服審判所の HP に掲載されている。

通達	・相続税法・所得税法等に関し、国税庁から税務職員に対して税務執行時の実務手順や解釈要領等が「○○税基本通達」として制定され、税法改正や裁判結果を受けて改正されている。 ・相続・贈与に関しては、土地や株式評価等に関する「財産評価基本通達」もある。

本書の内容は、2022 年 4 月現在の法令等に依っている。

目　　次

装幀　２ＤＡＹ

序章　時代は変わった！

(1) 昭和・戦後〜令和の概況

1945 年　太平洋戦争終結

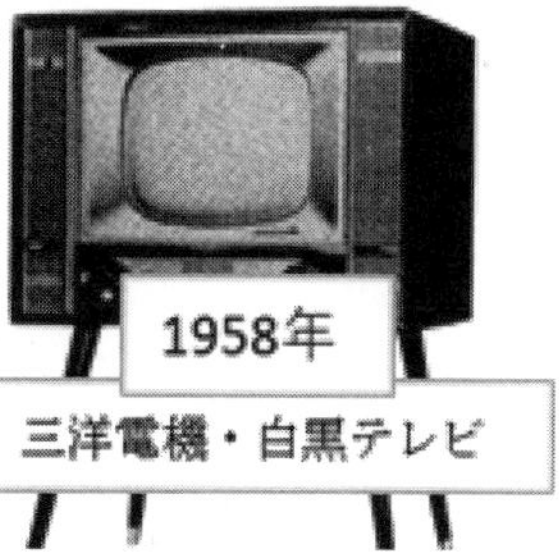

昭和・戦後

シャウプ勧告（1949 年）
団塊の世代（1947〜1949 年生まれ）
神武→岩戸→いざなぎ景気
東京オリンピック・東海道新幹線
団塊ジュニア世代（1971〜1974 年生まれ）
為替変動相場に。　　・バブル経済とその崩壊

1989 年　ベルリンの壁崩壊

平成

消費税導入
阪神淡路大震災・東日本大震災

2019 年　民法改正（相続等）　*失われた 30 年*

令和

コロナ・パンデミック
東京オリンピック
少子高齢化・老々介護
相続税の増税
核家族・単身世帯の増加
負動産問題の表面化

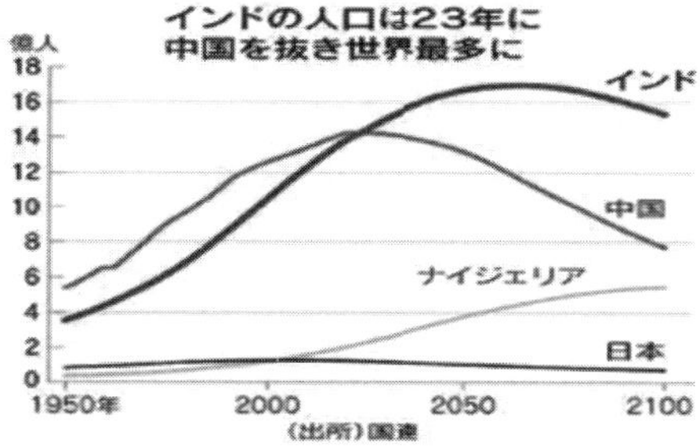

※**男女共同参画白書**（令和 4 年版）　内閣府 2022.6.14 発表
・人生 100 年時代における結婚と家族の姿の多様化
　⇒未婚・事実婚・離婚等の増加→様々な政策や制度が高度成長期のまま
もはや昭和ではない　**人生の多様化に対応した政策や制度設計！**

(2) 総人口の長期的推移　（出典：国交省国土審議会 HP）

○ 我が国の総人口は、2004年をピークに、今後100年間で100年前（明治時代後半）の水準に戻っていく。この変化は、千年単位でみても類を見ない、極めて急激な減少。

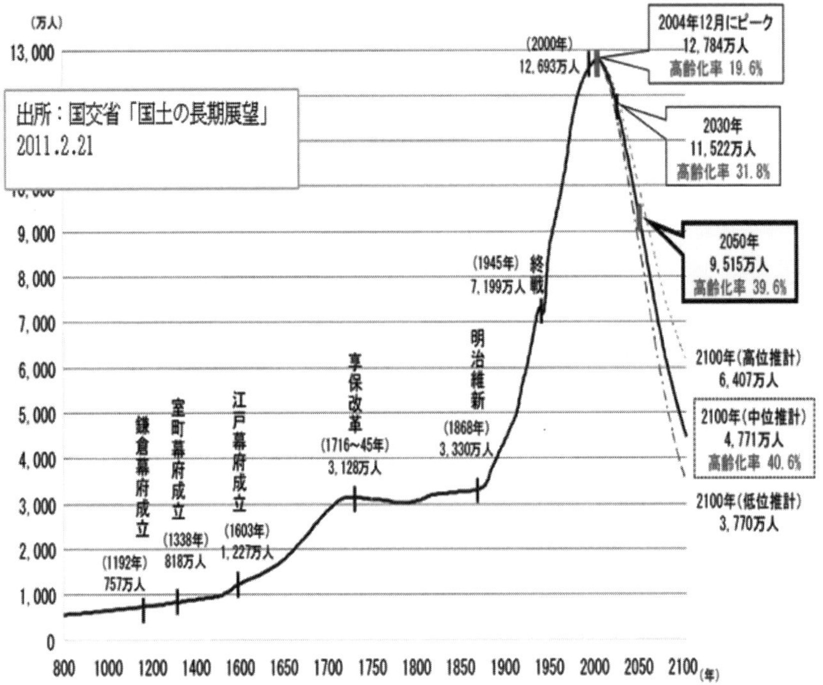

・人口の増加⇒それを支える産業・経済基盤⇒文化・文明の高度化
　その一方で国境紛争・戦争やパンデミック。

・この２千年間、日本の人口推移一つ見ても大きく変動。
　一方【世界の人口】は、国連・人口基金の情報では、
　1800年・10億人→2022年・80億人→2037年90億人→2058年・100億人
　大局から見たとき、世の変化の激しさを改めて思い知る！

(3) 歴史から土地や税制を見ると

時　　代	土地の所有と税金負担
a. 古代〜奈良時代	公地公民制で土地の個人所有はなし。農民は租庸調等を負担。☞ P192
b. 平安〜室町時代	土地＝荘園は貴族・寺社が保有し武士階級が差配。農民は年貢を納付
c. 戦国〜織豊時代	武家政権が土地を支配⇒太閤検地で耕作者を特定し、年貢を課す。
d. 江 戸 時 代	幕府は天領を所有。大名は将軍から領地を預かり、農民は年貢負担
e. 明治〜昭和・戦前	農民が地租改正で耕作地を所有し、地租を金銭で納付。
f. 昭和・戦後〜	農地解放やシャウプ勧告。登記上の所有者が固定資産税を納付

✤奈良〜室町期には、国司・寺社・貴族等が新田開発を通じて荘園＝領域を拡張して自己の勢力を強め、時の権力者にのし上がってきた歴史が読み取れる。
✤守護・地頭が出自の武家集団が勢力を強め、天皇家から政治権力も奪取し幕府政治に。 貨幣経済の発展に伴い商人の勢力が増す一方で、幕府の民政への介入・統制も進む。
✤別角度で見ると、古代〜江戸時代の土地＝領地は、食料生産・税収確保・戦力兵站の源。 明治〜戦前の土地は、家督制度の砦。戦後は、遺産分配（相続分け）の対象。
✤そして高度経済成長期以降は、投資（時には投機）の対象になり、争族の原因にも。 令和以降は、投資ではなく利用価値の尺度で評価、一方で負動産問題が表面化。

・日本は古来から農業国であり、農地の所有・管理を巡り権力闘争が繰り返されてきた。

・土地は永らく家制度の基礎だったが、昭和・戦後以降は、その財産価値が過度に強調され、争族現象が発生してきた。

(4) **平均寿命**（上の線）**と健康寿命**（下の線）（出典：厚労省 HP）

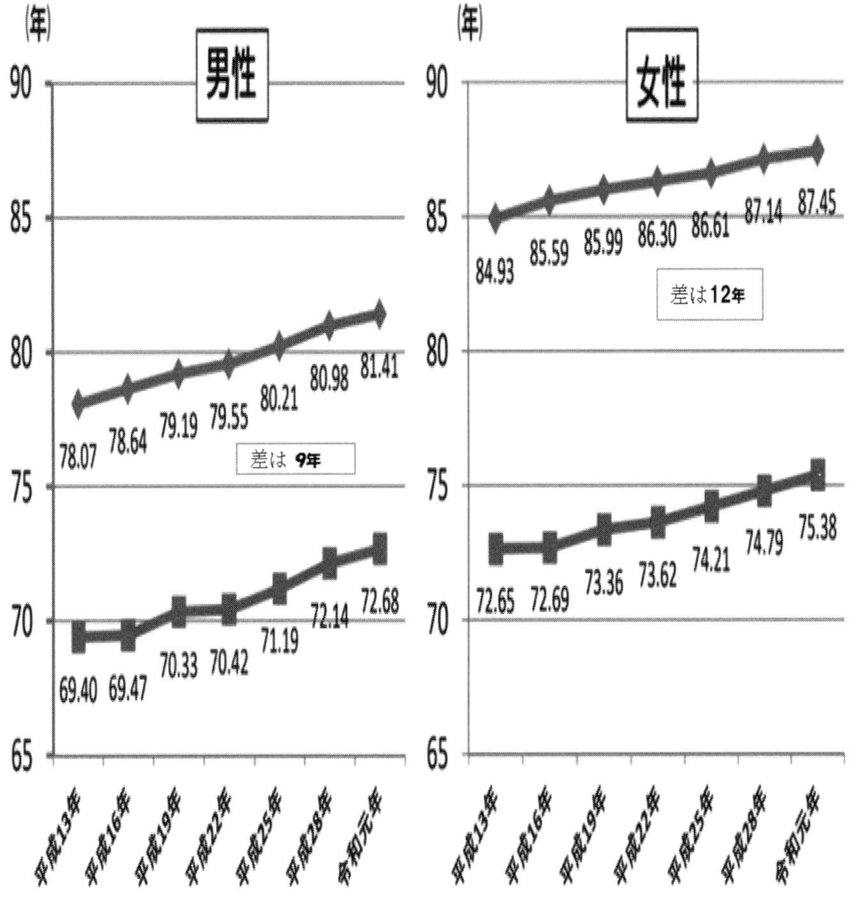

・**平均寿命－健康寿命＝ n. h. k.**（認知症・百歳・介護の長いトンネル）

男性は 9 年　女性は 12 年

・平均寿命≒健康寿命 のためには……***各自で考えましょう！***……

(5) 世帯構造の変化　（出典：厚労省 HP）

図2　65歳以上の者のいる世帯の世帯構造の年次推移

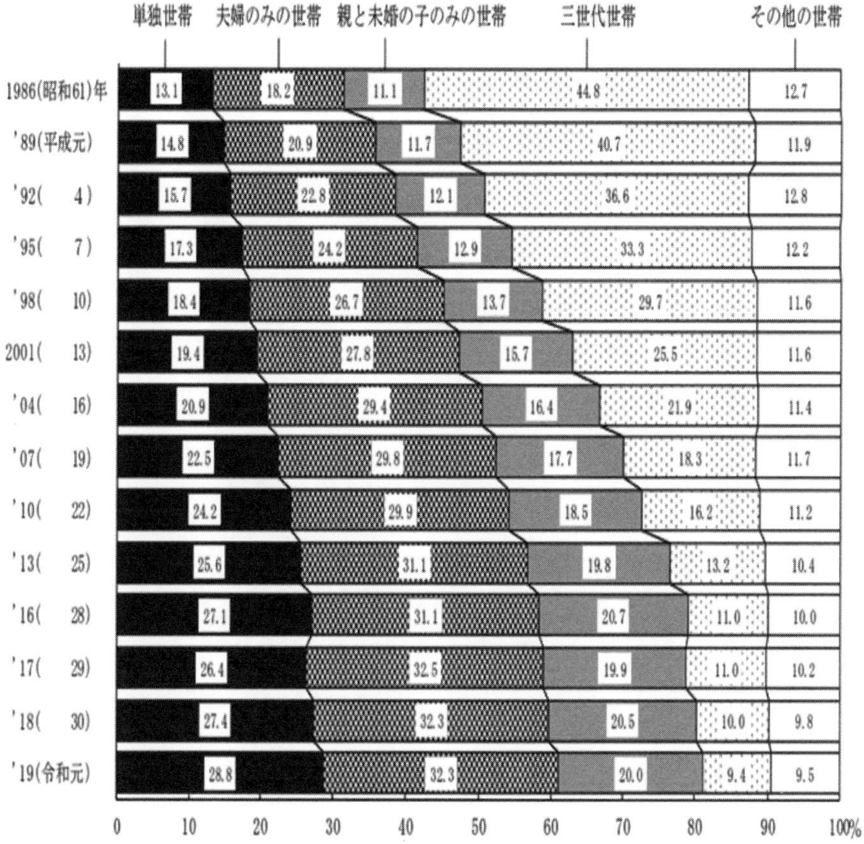

・「祖父母・両親・子供」の３世代同居型は、昔の話
　「相続で財産を子に残す」は、昭和の名残り

・今後 ➡ **老後・介護は自分達で対策し、自分の金で賄う！**

(6) 日本の財政事情 （出典：財務省 HP「もっと知りたい税のこと」）

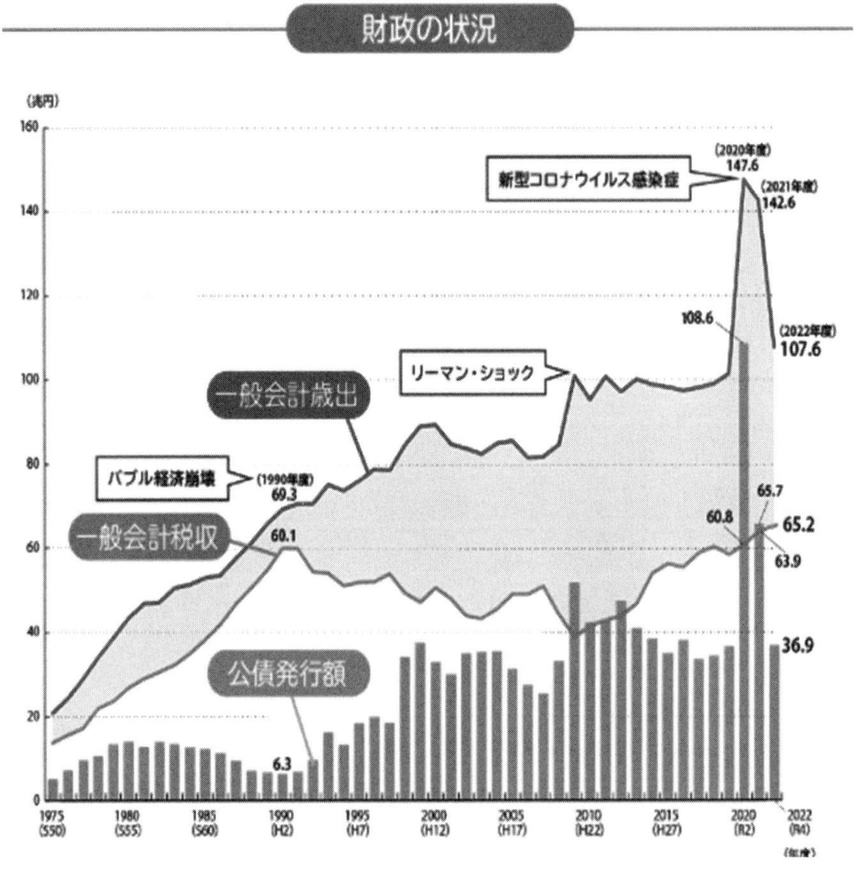

・税収 65 兆円・歳出 107 兆円…………差額は国債＝借金

・選挙狙いのバラマキ財政は、若者＝次世代に借金の押し付け

(7) 相続税の課税件数割合　（出典：財務省 HP）

相続税の課税件数割合、負担割合及び税収の推移

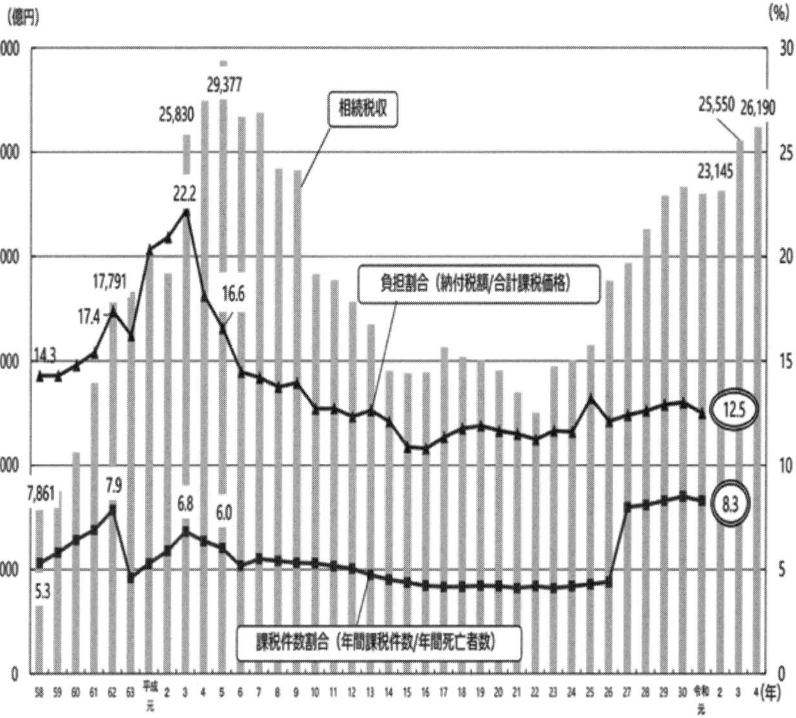

（注1）相続税収は各年度の税収であり、贈与税収を含む（令和2年度以前は決算額、令和3年度は補正後予算額、令和4年度は予算額）。
（注2）課税件数、納付税額及び合計課税価格は、「国税庁統計年報書」により、死亡者数は、「人口動態統計」（厚生労働省）による。

・1992 年、土地バブルで相続税収は約 3 兆円でピーク
・2015 年は相続税の増税で、課税対象者が倍増
　なお 2021 年の相続税収は 2.6 兆円で、1 件あたりは小粒。

※東京・大阪・兵庫等のエリア別の課税件数割合☞ P136 参照

(8) 相続関連の法律や社会システムの進化

① 民法等の法整備の進行

・遺言書の活用促進⇒法務局保管制度

・自筆遺言書の方式一部緩和等

・配偶者の権利保護（配偶者居住権等）

・相続登記の義務化

② エンディングに備えた各種契約等

・尊厳死宣言や死後事務委任契約等の普及

・任意後見制度や家族信託制度の浸透

・高齢者施設の選択肢の広がり

③ 年金制度の順次改正

・受給開始年齢の選択肢の拡大

・在職老齢年金・支給停止上限の引上げ等

④ 税制の改正方向

・贈与税と相続税の一体化構想

・国外財産等の逃税策への対応強化

・DX 活用でのスマート税制

・消費税インボイスの本格導入

⑤ ガラパゴスの岩盤規制、どう変えていくか。

・民法問題（選択的夫婦別姓・同性婚・LGBTQ）

・既存産業のための租税特別措置法の全面見直し

・医療・農業・金融・労働法制等の改革

・縦割り行政がいつまでも／△△庁　次々に増えるが……

・永田町の常識≒世間の非常識…政治資金とクオーター制

(9) あかるく たのしく　セカンドライフ

（大谷 則子の絵手紙・姫路城）

・江戸・前期に、東播磨（兵庫県高砂市周辺）で入浜式塩田製法による良質な塩の生産が盛んになり、江戸で【あらい塩】として重宝された。
・この新たな製塩法の開起者の中に大谷五郎右衛門がおり、筆者の遠い祖先でないかと思われるが、確たる文献資料は見つからなかった。

第１章　シルバー期の心得

第１節　生前対策チェックシート

下記は大谷事務所で利用中のフォームですが、一度ご自分で確認ください。

① インターネットのIDやPW

□配偶者等に説明済　□エンディングノートに記載済　□最後まで秘密

② 断　捨　離

・□実行済　□進行中　□その内に…　□妻や子供任せ

・□デジタル遺産の整理は（済・未了）□先祖の墓（そのまま・移す・墓じまい）

③ 親族関係図や連絡先

・□作成済　□作成中　□作成予定　□予定なし

・知人・友人のリスト（作成済・作成中・作成予定・予定なし）

④ 財産の現況確認　　作成済み・準備済は○・まだ は×

財産の現況明細書等の有無	現 況
公的年金・企業年金・生保等の年金等の入金明細 ✤公的年金の支給繰上げ・繰下げ（している・していない・する予定）	
預金・所有株式・投資信託等の取引先・内容・残高の一覧表	
貸金庫の利用 □あり（PWは…鍵の置き場所は　　　　）□なし	
所有不動産の全部の明細（登記事項証明書と固定資産税納税通知書） ✤登記が先代名義のまま・境界が不明確な土地が（□あり　□なし）	
生命保険や損害保険の保険会社や契約内容の明細	
商品取引・純金取引・仮想通貨の取引等の明細	
自宅等の不動産購入時の契約書や請負契約書等	

⑤ 債務の状況

・□銀行・親戚等から＿＿＿＿万円　□住宅ローン残高＿＿＿＿万円

・他人・会社の借入金の保証人に（□なっている　□一切なっていない）

（会社営者や役員）代表者保証は＿＿＿＿銀行で＿＿＿＿万円

⑥ 運転免許証等

・□返納済　□＿＿＿歳で返納予定

・認知症対応賠償責任保険に　（□加入済　□加入予定）

⑦ エンディングノート等

・□既に作成済　□作成中　□近々に着手予定　□手つかず

・葬式は　□寺・会館で　□家族葬で　□直葬で　：墓は（菩提寺・合同墓・その他）

・生前贈与歴（いつ・誰に・いくら）を　□記載済　□記載予定　□贈与歴なし

・特別の世話を受けた（いつ・誰に・どの程度）ことを　□記載済　□該当なし

⑧ 老後の財産管理

・□任意後見制度を利用予定　□家族信託を利用予定　□死後事務委任契約等を予定

・□自分で対応する　□徐々に子供に任す　□成り行き任せ

⑨ 今後のライフプラン

・□元気な限り自宅で　□子供の近くに移住　□高齢者施設に移る

・□改めて子供・お金と相談して考える

⑩ 遺　言　書

□公正証書遺言　□自筆遺言で法務局預け　□自筆遺言　□作成しない

⑪ 終末医療に関する希望等

□書面に記載済　□書面に記載予定　□特に考えていない。

⑫ 遺影用の写真　□準備済　□近々に手配予定　□不要

※ いざのときの連絡先

	名　前	住　所（電話番号）	
医　者			（　　）
医　者			（　　）
税理士			（　　）
司法書士			（　　）
弁護士			（　　）

第２節　財産・債務の棚卸し

(1) 基本的な心得

「親の老後は子供が面倒を見る」のは昭和の話で、核家族が主流の今は、親自身が自分達の老後の準備をしていくのが当然の時代。

判断能力シッカリの今、あと 20 年・30 年後に備えて。

介護や認知問題、自分に即して勉強………**情報収集や施設の見学等も。**
身辺の断捨離と老後資金対策………………**家族とも良く話し合う。**
家族が困らないためのロードマップ………**エンディングノートや遺言書**
相続や相続税のシミュレーション…………**ちょっとした工夫で節税**

手始めに、簡単なエンディングノートから　☞ P166

・今の財産状態や今後の希望等を家族に分かり易く伝える手段として、エンディングノートがお勧め。大学ノートでもパソコンでもよい。
　※越谷市社会福祉協議会の HP に格好の見本が掲載されている。
・不動産・預貯金・株式・保険契約等は、パソコンで一覧表形式で整理。追加や修正は、気づいた都度加筆・修正してアップデート化。
　✤自筆遺言書作成時には、財産目録の各ページに署名・押印して遺言書に添付すればよい。☞ P106

高齢の親が、生前に出来ること・出来ないこと	
できる	〔**体も頭もシッカリの段階**〕
	・預金の入出金や株式の売買
	・遺言書に「A に相続させる」と書いた不動産の売却
	・生前贈与した子供に「遺留分の放棄」を行うよう働きかけ。
できない	・生前贈与や死因贈与契約を、親の一存で取り消す。
	〔**足腰が弱り、認知機能も低下の段階**〕
	・遺言書の作成及び遺言書の書き直し　・生前贈与
	・不動産売買や家屋の増改築契約　・高齢者施設への入居契約
	・預貯金の出金や株式の売買取引

(2) 事前の検討と実行

昭和時代は銀行窓口等で“顔パス”が通用したが、今はダメ。

a. 財産の分け方等は、意識がシッカリしている間に遺言書で決めておく。
b. 信頼できる身内の人と、将来後見人になってもらえるように任意後見契約を締結する。（認知症になると家庭裁判所で後見監督人を選任してもらう）
c. 信用できる身内の人と家族信託契約を締結し、財産の今後の運用・管理や利益配分方法等の詳細を決め、今後の財産の管理・運用を任せる。
（✤ｂとｃは類似の制度であり、各自に即していずれかの選択）

(3) 金融資産と ID・PW の管理

金融取引は、ペーパーレス =Web 通帳、ネットでの IT 時代であり、万一のときに身内が ID や PW を知らなかったら、金を動かせない。

ネット取引で使っている ID・PW は、エンディングノートに記載し、かつ主だった身内に伝えておくことが必要。

金融機関によっては、夫婦・親子等の代理人カードや、医療費等は証拠資料を見せると家族による出金を認めている所もある。

✤銀行口座やポイントカードが多い。今後も本当に必要？ **〈断捨離〉**
✤ネットの証券取引や商品取引等、いつまでやる？ **〈ケガせぬ内に手仕舞い〉**
✤口座振替の各種取引、覚えきれない。 **〈一行に集約〉**
✤定額保守契約や年１回引落しの△△契約、本当に必要？ **〈整　理〉**
✤サブスク取引、無意識にボタン押し勝手に引落され？ **〈解　約〉**

国外財産のリストアップも忘れずに！

「富裕層ほど資産を香港・シンガポール等に移し…」と当局はマークを強化
・国外財産が５千万円超ある人→国外財産調書の提出義務
・国外転出時、１億円以上の有価証券を所有→「出国税」の課税
・外国の税務当局とは、金融情報等の情報交換制度 CRS の締結

(4) 契約内容の現況確認

・預金・株式・投資信託等を一覧表形式で整理→定期的に加筆・修正。

・生命保険契約⇒保険契約者・被保険者・契約内容・受取人等を確認。

（生命保険契約の内容を家族が知らないと入院給付金等も失効）

(5) 問題点のある不動産

登記名義人が先代のまま・隣家との境界が不明確等の問題を先送りすると、相続のたびに交渉相手が増え、解決が益々困難になる。司法書士・土地家屋調査士等への報酬や登記費用等が発生するが、自分の代で解決してしまうべし。

(6) 祭祀財産

墓・仏壇・仏具等の祭祀財産は相続財産でなく、「慣習に従って祖先の祭祀を主宰すべき者が承継する」（民法 §897）とされ、相続税は非課税。（相法 §12②）

誰も帰る予定のない田舎の墓はどうするのか、自分達の墓はどうしたいのかも、家族と話し合っておく必要がある。

仏壇・仏具は非課税　（相法 §12）

・但し純金の高価すぎるお鈴等は仏具とは言えぬ⇒課税対象

※相続人が仏具を購入しても、相続税法上のメリットはない。

⇒親が生前に仏壇等を購入しておくのが、節税にもつながる。

(7) 借入金や保証債務

相続では金銭的価値のある財産だけでなく、借入金・未払金・保証債務等のマイナス財産も引き継ぐ。最悪のケースでは自分の財産で負債返済に追われる事態になりかねない。

相続放棄をする・しないは、3か月以内の決断が必要であり、故人の負債や保証債務等の有無を正確に把握しておく必要がある。

第3節　シルバー期の財産管理

(1) 持ち家の活用策

自分達の健康や蓄財の状態を踏まえ、自分達そして家族にもベターな策を考えていくことが必要。(税金面の検討も必要☞ P59)

	今　後　の　計　画	検　討　項　目
住み続け、 遺産で残す	・子供家族と同居 ・夫婦で最期まで……	・バリアフリー等の工事／世代間のギャップ対策 ✤ 願わくば、こうありたいが……
賃貸に出す	・自分達は田舎に帰る。 ・　〃　老人ホームに移る。	・不動産所得の申告が必要。 ・家賃収入でホームのコストが賄えたら……
売却する	・子供の近くに移住する。 ・その金で老人ホームに移る。	・譲渡所得税（3千万円特別控除や買換え特例等の利用）
留 意 点	・最近はリバース・ローン（自宅を担保に借入れ・相続時に売却精算等）等新たな金融サービスも登場。但し良く吟味しないと商売のネタにされる！	

(2)「老後2千万円必要」問題　(2019.6.3 金融庁報告書)

高齢者世帯の収支の平均値を基に、余命が20 ～ 30年なら資金準備はいくら必要かの報告書が麻生財務大臣時に発表され、種々の議論を呼んだ。

この報告書は金融機関向けだが、高齢化社会の現況分析と種々の考え方が格調高く論じられている。次ページに「高齢社会における資産形成・管理」の一部を転載する。

(出典：「金融審議会 市場ワーキング・グループ報告書」令和元年6月3日)

収入 月間 **A**	**209,195**
公 的 年 金	191,880
その他 収入	17,315
食　　料	64,444
交通・通信	27,576
教養娯楽費	25,091
光熱・水道	19,267
保健医療費	15,512
住　居　費	13,658
家具・家事用品等	15,902
交際費その他	54,028
税金・保険料	28,240
支出 月間 **B**	**263,718**

年金額はマクロ経済スライドなる魔術で**減額のリスク**あり！

月間・収支差額	-54,523	C=A-B
	↓	
年間・収支差額	-654,276	D=C×12
老後必要資金	約2,000万円	D×30 年

✤「老後資金の不足は自助努力で準備すべし」とのご託宣！

（1）長寿化に伴い、資産寿命を延ばすことが必要

前述のとおり、夫 65 歳以上、妻 60 歳以上の夫婦のみの無職の世帯では毎月の不足額の平均は約５万円であり、まだ 20～30 年の人生があるとすれば、不足額の総額は単純計算で 1,300 万円～2,000 万円になる。この金額はあくまで平均の不足額から導きだしたものであり、不足額は各々の収入・支出の状況やライフスタイル等によって大きく異なる。当然不足しない場合もありうるが、これまでより長く生きる以上、いずれにせよ今までより多くのお金が必要となり、長く生きることに応じて資産寿命を延ばすことが必要になってくるものと考えられる。重要なことは、長寿化の進展も踏まえて、年齢別、男女別の平均余命などを参考にしたうえで、老後の生活において公的年金以外で賄わなければいけない金額がどの程度になるか、考えてみることである。それを考え始めた時期が現役期であれば、後で述べる長期・積立・分散投資による資産形成の検討を、リタイヤ期前後であれば、自身の就労状況の見込みや保有している金融資産や退職金などを踏まえて後の資産管理をどう行っていくかなど、生涯に亘る計画的な長期の資産形成・管理の重要性を認識することが重要である。

(3) シルバー期のお金

昭和では老後のお金は同居の家族が何かと面倒を見てくれた。また定期預金なら5%前後の利息がつき、資産の目減りもしなかった。

しかし今は預金の利息はなきに等しく、年金もマクロ経済スライド制とやらで減額のリスク。老後資金は自分達で準備していかざるを得ない。

（出典：『週刊東洋経済』2022.4.23号）

シルバー期の収入の柱

公的年金制度

・制度の推移、右表を参照

・今盛んに年金繰下げが話題になり「84%も増」と喧伝…。

⬇

受給後11年超の生存でやっとペイする！

これも一つの現実。

・年金をもらいつつ、働き続ける在職老齢年金

⇒⇒**選択肢が増える。**

公的年金制度や雇用の法制度の変遷

年度	出来事
1985	全国民共通の基礎年金制度　創設
1998	60歳定年制を義務化
2001	老齢厚生年金・定額部分の支給65歳に移行
2004	マクロ経済スライド制の導入
2007	消えた年金問題　発生
2010	社会保険庁→日本年金機構に
2013	65歳までの雇用確保の義務化（希望者全員）
2013	老齢厚生年金・比例部分の支給65歳に移行
2015	公務員・共済年金と厚生年金の統合
2016	パート社員も厚生年金に加入（対象の拡大）
2021	70歳までの就業確保の努力義務
2022	老齢年金の繰下げ支給　75歳まで延長
	在職老齢年金・支給停止上限月28万円→47万円に

※なお2025年目途に、基礎年金含む大幅な制度見直しが予定されている。

<table>
<tr><td>自立した生活</td><td>いつまでも元気で。 体も 頭も！</td></tr>
<tr><td>多少の介助が必要</td><td>自宅バリアフリー工事と「次の段階は…」の本格検討</td></tr>
<tr><td>↓
介助が必要
↓

<table><tr><td colspan="2">必 要 資 金</td></tr><tr><td>一 時 金</td><td>万円</td></tr><tr><td>毎月費用</td><td>万円</td></tr></table></td><td>a. 自宅のまま…バリアフリー工事・電動ベッド・シニアカー
✤介護度に応じ介護保険・補助金があり、ケアマネに要確認
〈老々介護や幼老介護（ヤングケアラー）の現実〉
✤在宅介護サービスの利用
（訪問介護・デイサービス・ショートステイ）
b. 子供と同居や子供の近くに引っ越し
c. 病気・入院…一般病棟・老健・ホスピス
入居一時金と毎月の費用
d. 施設に移る
・公共的施設…特別養護老人ホーム（特養）待機者多し！
民間施設
介護老人保健施設（老健）
介護付き有料老人ホーム
住宅型有料老人ホーム
サービス付高齢者向け住宅（サ高住）
「所有権型」シニア向け分譲マンション
老後はお金次第</td></tr>
</table>

・国の介護保険財源は逼迫⇒公的施設不足⇒「自宅で介護を」の動き
⇒***切実！***

・民間の諸施設はピンキリ。手厚い介護体制 ⇔ それなりの費用が必要

・入居一時金　（入居時の年齢・償却期間・要介護時の追加費用の有無等）
★途中退所時の精算方法は……。

・毎月の費用　（食費・管理費・水道光熱費・＋αのサービス費用等）

・介護必要時　（入居時に一括前払いか、毎月の単価契約支払いか）
★施設内に、医療や介護のスタッフの常駐の有無。
★入浴・食事等々の介助サービスの内容・費用負担……。

☞ P195 参照

第４節　シルバー期の各種契約例

(1) 各種の契約例

PPK から n. h. k.（認知症・百歳・介護）の時代になった今、シルバー期の各段階に応じ、想定されるケースに備えた契約等を考えておく必要がある。

種類		内容	参考
当然	エンディングノート　**断捨離**	※自分自身の財産状態や家族に言い残しておきたい事項等を、記載しておく。そして断捨離の実行（シンプルが第一）	☞ P23.166
a	見守り契約	・民間企業が実施中のもの……セコム・象印マホービン等々 ・IT 各種機器…身に着けているだけで生存情報を親族に伝達	民間会社
b	財産管理委託契約（公正証書化）	・意思能力はシッカリしているが、足腰が弱ってきた等に利用 ・賃貸建物の管理や預金の入出金管理等の業務を委任する。	b・c をセットも。☞ P32.33
c	任意後見契約（公正証書化）	・将来の認知症に備え、予め後見人予定者を決めておき、認知症後の生活や財産の管理手続きを委任する。	
d	家族信託	・信用しあえる親子間等で、不動産等の維持・管理・将来の処分等の方法や利益配分方法等を取決め、財産の運用・処分等を委ねる。	☞ P53
e	身元引受人契約	・病院に入院時や老人ホームに入居時に、費用の支払いの保証・緊急連絡先・各種同意・遺体の引取り等を委任する契約。	下記①
f	遺言書作成	・自分の死後の財産の分け方等を、法定の書式で明確にしておく。（自筆証書遺言・（同左）法務局保管・公正証書遺言のいずれか）	☞ P103
g	尊厳死宣言	・回復不能状態で死期が迫ったとき、過剰な延命治療は望まない旨を生前に文書化し子供等に予め渡しておく。	☞ P34.35
h	死後事務委任契約	・本人の死後の葬式・埋葬納骨等の手続きや、年金・介護保険・医療費の精算等を行うことを生前に契約で取り決める。 ＊ この書式の一部、次の(4)に掲載	☞ P36

①「○○サポートセンター」（弁護士法人が母体）は総合身元保証サポート契約を実施。

身元保証、生活支援、葬儀納骨・死後事務支援等

（✤ 初期費用：預託金を含め 100 万円＋ α）

②信託銀行は、代理出金機能付信託、相続型信託、遺言信託、任意後見制度支援信託等。

シルバー期や相続に備えた信託を次々に展開中。それなりの手数料が当然必要！

③なおシルバー対象のニュービジネスの事業者は玉石混交。

個々によく見極めていく必要がある。

(2) 財産管理委託契約及び任意後見契約 (2-1)(出典:加古川公証役場)

【第1・委任契約】

第1条(契約の趣旨)

この契約は、甲が乙に対し、令和　年　月　日以降、甲の生活、療養看護及び財産の管理に関する事務(以下「委任事務」という。)を委任し、その代理権を与えるものである。

第2条(任意後見契約との関係)

1　この契約を結んだ後、甲が精神上の病気等により判断能力が不十分な状況になり、乙が第2の任意後見契約による後見事務を行うのがよいと認めたときは、乙は、家庭裁判所に対し任意後見監督人の選任の請求をする。

2　この契約は、第2の任意後見契約について、任意後見監督人が選任され効力が生じたときに終了する。

第3条(委任事務の範囲)

1　甲は、乙に対し、別紙「代理権目録(委任契約)」記載の委任事務(以下「本件委任事務」という。)を委任し、乙にその事務処理のため代理権を与える。

2　甲は、乙に対し、いつでも本件委任事務処理状況について報告を求めることができる。

第8条(契約の変更)

この契約に定めた代理権の範囲を変更する契約は、公正証書によるものとする。

第9条(契約の解除)

甲又は乙は、いつでもこの契約を解除することができる。但し、解除は公証人の認証を受けた書面によってしなければならない。

第10条(契約の終了)

この契約は、第2条第2項の場合のほか、次の場合に終了する。

①甲又は乙が死亡又は破産手続開始決定を受けたとき。

②乙が後見開始の審判を受けたとき。

③この契約が解除されたとき。

【第2・任意後見契約】

第1条(契約の趣旨)

甲は、乙に対し、令和　年　月　日、任意後見契約に関する法律第4条第1項に定める「精神上の障害により事理を弁識する能力が不十分な状況」、す

【第1. 委任契約】 体が不自由で自分で銀行・役所や医療機関等の手続きに出向けないときに、予め指名している人に代理人として行ってもらう契約。

【第2. 任意後見契約】 精神上の障害が生じたときに、家庭裁判所の手続きで後見監督人の選任を受け、以降は後見人として、本人のために財産の管理や生活・療養等の事務を行う。

財産管理委託契約及び任意後見契約 (2-2)

別紙

代理権目録（委任契約）

1　不動産、動産等すべての財産の管理、保存に関する事項

2　各種金融機関における、委任者名義の預貯金に関する払戻し、預入れ、口座開設、振込依頼、解約、その他すべての取引に関する事項

3　証券会社、保険会社とのすべての取引に関する事項

4　生活費の送金、生活に必要な財産の取得、物品の購入、家賃・地代・年金その他の社会保険給付等定期的な収入の受領及び家賃・地代・公共料金等定期的な支出を要する費用の支払に関する事項

5　医療契約、入院契約、介護契約（介護保険制度における介護サービスの利用契約、ヘルパー・家事援助者等の派遣契約を含む。）、その他の関連福祉サービス利用契約に関する事項

6　登記申請、供託の申請、住民票・戸籍謄抄本・登記事項証明書等の請求、税金の申告・納付等行政機関に対する一切の申請、請求、申告、支払等に関する事項

7　要介護認定の申請及び認定に対する承認又は審査請求に関する事項

8　以上の各事項に関して生ずる紛争の処理に関する事項（弁護士に対する民事訴訟法第５５条第２項の特別授権事項の授権を含む訴訟行為の委任、公正証書の作成嘱託を含む。）

9　復代理人の選任並びに事務代行者の指定に関する事項

10　以上の各事項に関連する一切の事項

別紙

代理権目録（任意後見契約）

1　不動産、動産等すべての財産の管理、保存及び処分に関する事項

2　各種金融機関における、委任者名義の預貯金に関する払戻し、預入れ、口座開設、振込依頼、解約、その他すべての取引に関する事項

3　証券会社、保険会社とのすべての取引に関する事項

4　生活費の送金、生活に必要な財産の取得、物品の購入、家賃・地代・年金その他の社会保険給付等定期的な収入の受領及び家賃・地代・公共料金等定期的な支出を要する費用の支払に関する事項

5　医療契約、入院契約、介護契約（介護保険制度における介護サービスの利用契約、ヘルパー・家事援助者等の派遣契約を含む。）、その他の関連福祉サービス利用契約に関する事項

6　登記申請、供託の申請、住民票・戸籍謄抄本・登記事項証明書等の請求、税金の申告・納付等行政機関に対する一切の申請、請求、申告、支払等に関する事項

7　要介護認定の申請及び認定に対する承認又は審査請求に関する事項

8　遺産分割の協議、遺留分減殺請求、相続放棄、限定承認に関する一切の事項

9　以上の各事項に関して生ずる紛争の処理に関する事項（弁護士に対する民事訴訟法第５５条第２項の特別授権事項の授権を含む訴訟行為の委任、公正証書の作成嘱託を含む。）

10　復代理人の選任並びに事務代行者の指定に関する事項

・委任契約（左側）及び任意後見契約（右側）の、具体的な内容を記載した目録。

※なおこの書式は、「頭はシッカリ・体が不自由」の段階から、「認知症が出た」段階までを一体的に契約化しており、使い勝手はよい。

(3) 尊厳死宣言公正証書　（筆者自身の 2008 年作成分 2-2）

ば麻薬などの副作用で死ぬ時期が早まった
としても一向に構いません。
三、私が以上のような延命措置に関する指示
をする能力を失った場合、この宣言が私の
法的権利の最後の意思表示として私の家族
及び医師に尊重されることを希望します。
第弐条　前条の宣言をするに際しては、私の
妻で立会人でもある[redacted]は了解しており
ます。
第参条　警察・検察の関係者におかれまして
は、私の親族、友人や医師が私の意思にそっ
た行動を執ったことにより、これらの者を犯
罪捜査や訴追の対象とすることのないよう特
にお願いします。
以上

本旨外要件
[redacted]
嘱託人[redacted]
昭和[redacted]年[redacted]月[redacted]日生
右は本職その氏名を知りかつ面識がある。
[redacted]

・回復不能状態で死期が迫ったとき、過剰な延命治療は望まない旨を生前に文書化し、子供等に“いざのときに医者に見せるように”渡しておく。
・自然な最期を迎えられるように、日頃から子供達にもこの旨を伝えておく。

尊厳死宣言公正証書

（筆者自身の2008年作成分 2-1）

平成弐〇年第[redacted]号

尊厳死宣言公正証書

正本

本職は、尊厳死宣言者・[redacted]の嘱託により、その近親者・[redacted]の立会をもって宣言に関する陳述の趣旨を録取しこの証書を作成する。

第壱条　宣言者である私、[redacted]は、私の病気又は外傷が不治でありかつ死が迫っている場合に備えて、私の家族及び私の医療に携わる方々に次の要望を宣言します。

なお、この尊厳死宣言は、私の精神が健全な状態にあるときにしたものです。従って、私の精神が健全な状態にあるときに私自身が破棄するか又は撤回しない限り有効です。

一、私の病気又は外傷が、私の主治医を含む弐名の医師により現在の医学では不治の状態にあり、且つ、死期が迫っており、延命措置を行うと否とにかかわらず死に至り、延命措置の実行は単に死の過程を人工的に引き延ばすだけであると診断された場合には、そのような延命措置は一切お断りします。

二、但し、この場合、私の苦痛を和らげる措置は最大限にして下さい。そのため、例え

・2008年当時は縦書きであったが、今は横書きフォームが多い由。

・尊厳死と混同しがちなのは「安楽死」。

安楽死は、「不治の末期に医師などが薬物等を使い積極的に死期を早める」ことを言い、刑法 §202 嘱託殺人罪の問題となる。（森 鴎外の小説『高瀬舟』のテーマ）

(4) 死後事務委任契約

（出典：美濃加茂公証役場）

死後事務委任契約

（契約の趣旨）

第１条　●●さんと○○さんは、以下のとおり死後事務委任契約を締結します。

（●●さんの死亡による本契約の効力）

第２条　●●さんが死亡した場合においても、本契約は終了しません。また、●●さんの相続人は、委任する人である●●さんの本契約上の権利義務を承継するものとします。

（委任事務の範囲）

第３条　●●さんは、○○さんに対し、●●さんの死亡後における次の事務（以下、「本件死後事務」といいます。）を委任します。

① 行政官庁等への諸届け事務
② 献体、葬儀、火葬、納骨、永代供養に関する事務
③ 生活用品・家財道具等の整理・処分に関する事務
④ 医療費、入院費等の清算手続きに関する事務
⑤ 老人ホーム等の施設利用料等の支払い及び入居一時金その他残債権の受領に関する事務
⑥ 公共サービス等の名義変更・解約・清算手続きに関する事務
⑦ ペットの施設入所手続き
⑧ 以上の各事務に関する費用の支払い

２　●●さんは、○○さんに対し、前項の事務処理をするに当たり、○○さんが復代理人を選任することを承諾します。

（献体・葬儀・火葬）

第４条　第３条の献体及び火葬は、献体登録先の大学で行ってください。万一、献体が行えなかった場合は、○○さんが指定する斎場にて葬儀を行い、火葬を行ってください。

（永代供養）

第５条　第３条の納骨及び永代供養は、○○宗■■寺派▲▲▲寺にて

・「おひとり様」（子供なし・未婚者等）が、自分の死後の後始末を予め特定の人やNPO法人等に委任しておく契約で当然　有料制。最近はペットの世話も委任するパターンも。

(5) シルバー期の選択（まとめ）

従来はPPK（ピンピンコロリ）が高齢期の通例で、遺言書を準備しておけばよかった。しかし超高年齢化社会の今はn. h. k.（認知症・百歳・介護）であり、プラスαの知恵が必要。

いつ・どう・変化するか…。今は健常⇒健康不安⇒入院やMCI前期認知症⇒認知症・介護　**備えあれば憂いなし。**

体も頭もシッカリの今の内に、各自に即した事前対策の行動を！

★預金を出金するにも、また自宅を売却して老人ホームに…と考えても、認知症気味なら「法定後見人をつけてくれ」と言われてしまう。顔パスはとっくの昔の話。

★法定後見人の選任には数か月かかる。また自宅売却は家庭裁判所の許可が出にくい由。

事前の心準備と具体的な行動（P31の中の自分に即した契約）が必要。

★シルバー対象のニュービジネスの事業者は玉石混交⇒よく見極めを！

> ★2016年に「公益財団法人・日本ライフ協会、預託金流用で破産」の事件あり。
> ・医療・介護施設への入院等の際の身元保証等のため、@150万円を一括徴収
> ・全国で18か所の事業所・従業員125人の経費に流用か。

> ・上野千鶴子氏（東大名誉教授）は、弁護士預けの遺言書（数年に1度書き換え）と、「任意後見＋身上監護＋死後事務委任」の3点を準備済の由。
> （『最期まで在宅 おひとりさまで機嫌よく』中央公論新社2022年6月発刊）

> ・老後は子供に頼れない時代→金融機関は商機とばかりに、種々の提案
> 人生100年△△信託・遺言信託・連年贈与信託・遺言代用信託etc
> ★組織としての信用度は十分だが、***手数料も十二分！***
> ・各種法人・団体も、ビジネスチャンスとしてシルバー産業に次々に進出
> 信用できる先かどうかは、**自己責任で判断！**
> ⬇
> **家族とも良く相談して、早め早めの対策の実行を。**

コラム

人生の達人の言葉

・**空 海**（弘法大師、835 年没・享年 60 歳）

谷不惜響 明星来影・径路未知 臨岐幾泣・生生生生暗生始 死死死死冥死終

・**チャップリン**（映画俳優、1977 年没・享年 88 歳）

「人生に必要なものは勇気と想像力と少々のお金だ」

・**平櫛 田中氏**（彫刻家、1979 年没・享年 107 歳）

「60・70 は洟垂れ小僧　男盛りは百から百から」

・**きんさんとぎんさんの双子姉妹**　（2000〜2001 年没・享年 107 歳と 108 歳）

「くよくよせずに嫌なことも、いいことも忘れるのが長寿の秘訣」

・**飯塚 毅氏**（TKC 創業者、2004 年没・享年 86 歳）

・自利利他　・担雪埋井　・為汝信不及所以今日葛藤

・**河合 隼雄氏**（心理学者、2007 年没・享年 79 歳）

「昔は良かった」とは、進歩についてゆけぬ人の言葉である。

約 3 千年以前に書かれたバビロニアの粘土書板にも“今日の若者は根本から退廃しきっている”と書かれているとか。

・**石 弘光氏**（元一橋大学長、膵臓がんで闘病。2018 年没・享年 81 歳）

「なぜこのように平然と深刻な事態を夫婦二人とも受け入れられたのか。人生の終盤を迎え、公私にわたり、やるべきことをやったという満足感があることも大きい。プライベートの領域においては、家内と二人で子供を育てあげ、社会人として自立している。親としての責任は一応果たした」

・**稲盛 和夫氏**（京セラ創業者、2022年没・享年90歳）

・動機善なりや、私心なかりしか。

・小善は大悪に似たり 大善は非情に似たり。

・**五木 寛之氏「こころの相続」**（作家で現役90歳・2019.7.10の講演会）

『物でなく体に沁み込んだ所作・言葉・教えも、親からの大切な相続』

・**西川 きよし氏**（漫才師で現役76歳）

「小さなことからこつこつと」（日経新聞「私の履歴書」2022年10月）

※真面目・すなお・よき相棒（ヘレン&やすし）のお人柄

・**18歳と81歳**…………テレビ番組「笑点」の大喜利

・道路を爆走するのが18歳、逆走するのが81歳

・まだ何も知らないのが18歳、もう何も覚えていないのが81歳

・自分探しの旅をしているのが18歳、出かけたままで皆が探しているのが81歳

・恋で胸を詰まらせるのが18歳、餅で喉を詰まらせるのが81歳

★ベンジャミン・フランクリン（米国の政治家・物理学者、1790年没・享年84歳）

「死と税金以外、この世で確かなことは何もない」

第２章　シルバー期の法律

第１節　親族や相続人

(1) 親族や相続人の範囲　(民法 §725)

一 . 6 親等内の血族	親・祖父母・子・孫・兄弟・叔父叔母・いとこ・はとこ
二 . 配　偶　者	婚姻期間は不問。但し三行半（みくだりはん）で他人
三 . 3 親等内の姻族	配偶者の親・祖父母・兄弟・甥姪等や血族の配偶者

・妻は婚姻期間の長短は関係なく常に法定相続人。これを逆手に取ったのが、2018 年発覚の紀州のドンファン事件（結婚入籍 3 か月の 23 歳の若妻逮捕）

「親 族」が関係する事項

税　務	所得税：扶養控除・医療費控除・青色専従者給与等
	相続税：小規模宅地適用の条件・非上場株式の評価方法等
	法人税：みなし役員・同族会社の判定等
社会保険	同一生計・保険料算定の範囲
民　法	扶養義務・相続権・婚姻の制限・親権等々

(2) 法定相続人や法定相続分　(民法 §887 ～ 890・900)

法定相続人	配 偶 者		血族相続人と同順位で、常に相続人になる。
			(婚姻届けを出している法律婚に限る)
	血族	第一順位	子（子が先に死亡→その子である孫が代襲相続人）
		第二順位	父母（父母が先に死亡時は、更に祖父母に遡る）
		第三順位	兄弟姉妹（半血の兄弟姉妹の相続分は 1/2）

法定相続分	配偶者：子 ＝ 1/2：1/2	子が複数→相続分を人数で均分に。
	配偶者：父母＝ 2/3：1/3	父母とも健在なら二人で均分に。
	配偶者：兄弟＝ 3/4：1/4	兄弟が複数→相続分を人数で均分に。

★個別案件での法定相続人の調査・確定は☞ P79

民法や税法の用語の「**推定相続人**」とは（民法 §892）
・将来の相続発生時に、相続人となるべき最優先順位の人を指す。通常は相続発生時に法定相続人となり、法定相続分を有することになる。
・相続発生時に本来の相続人が相続放棄をし次順位者が相続人として繰り上がるときや、相続人の廃除（民法 §892）のときは、推定相続人と実際の相続人が異なることがある。

（補足説明）

① 非嫡出子（婚姻関係のない男女間に生まれた子）の法定相続分は、以前は「嫡出子の 1/2」だったが、2013.9.4 の最高裁判決で違憲とされ民法改正になり、現在は嫡出子と同じ法定相続分となっている。（民法 §900）

② 養子縁組の届けをすれば１親等の法定血族となり、相続人となる。（民法 §809）
なおこれを逆手に取り、バブル期に“複数人との養子縁組”を行い、相続税の節税をはかる手合いが出現したため、1988 年に相続税法 §15②が改正され、相続税法上は〖**実子がいるときは１人、いないときは２人**〗の規定が置かれた。

③ **【相続税の一代飛ばし】**を狙った孫養子を牽制のため、孫養子の相続税額は 2003 年から通常より２割増しとされた。（相法 §18）

(3) 親族関係図

まず親族関係図を作成し、将来の相続人予定者（推定相続人）を正確に確認することが必要。☞ P79

親族関係図

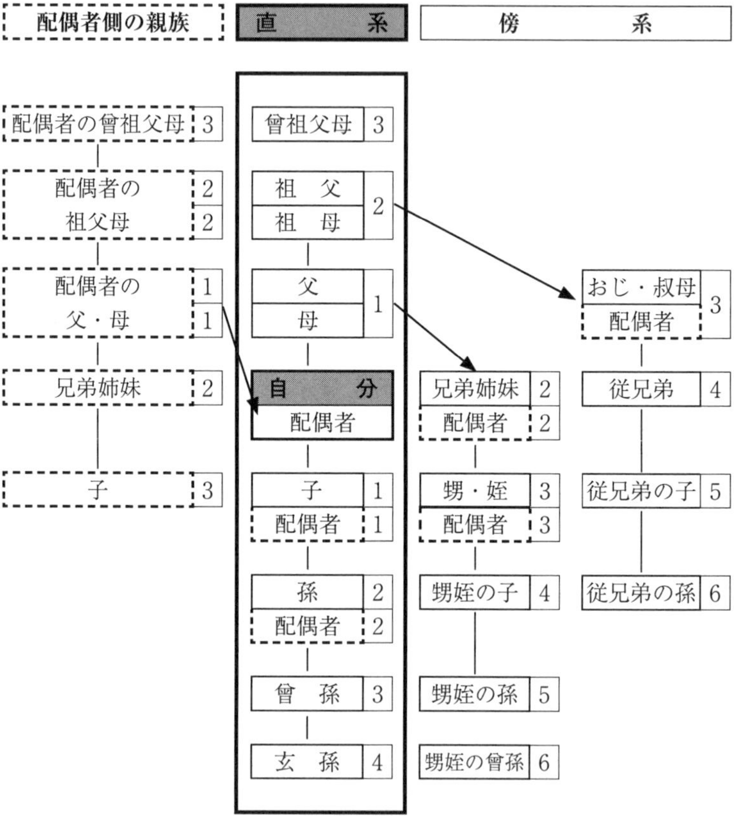

・ は血縁関係にある親子や兄弟等及び養子縁組者を指し、6 親等内が親族。
・ は姻族と言われ、配偶者の血族及び血族の配偶者を指し、3 親等内が親族。
・それぞれの左の数字は、本人から見たときの親等数。

第２節　相続関連の法律改正

(1) 法定相続情報証明制度　（登記規則：2017年５月施行）

相続が発生すると戸籍謄本類集めに大変な労力を要していたが、2017年以降は、戸籍謄本類を１セット揃えて法務局に持込めば、証明書形式の書類を作成してくれる。

（出典：法務省民事局HP）

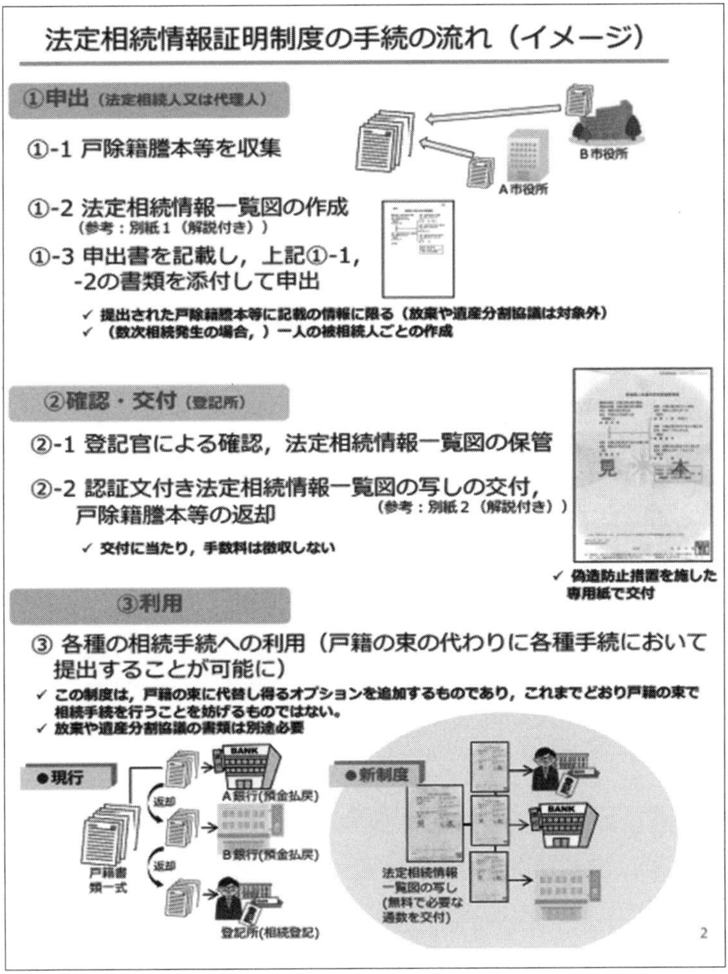

（出典：法務省民事局 HP）

法定相続情報一覧図の見本

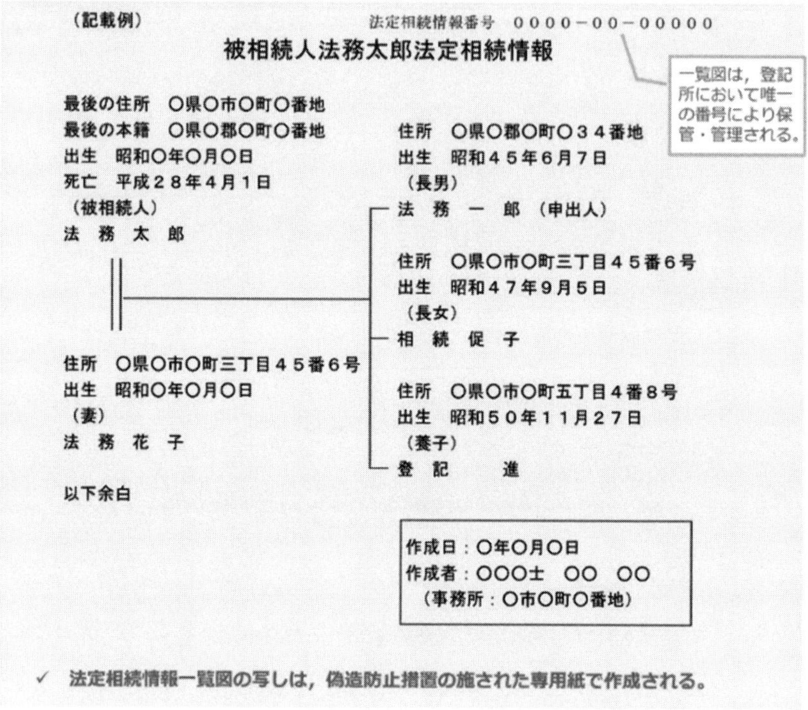

(2) 自筆遺言書の方式緩和 （民法 §968：2019 年 1 月施行）

遺言書に土地・建物や預貯金・所有株式等を記載するとき、この財産目録の部分はパソコン作成や不動産登記事項証明書・預金通帳等のコピー添付も認められるようになった。☞ P106

(3) 自筆遺言書の法務局保管 （遺言書保管法：2020 年 7 月施行）

自筆遺言書を法務局が保管してくれ、紛失や改ざん等の心配がなく、家庭裁判所での検認手続きも不要となる制度ができた。☞ P106

・自筆遺言書は上記（2）も含め、従来より使い勝手がよくなった。 ★安全性を高め確実に遺志を実現させるには、費用はかかるが公正証書遺言が望ましい。☞ P103

(4) 預貯金の仮払い制度 （民法 §909 の 2：2019 年 7 月施行）

金融機関は相続発生の事実を知ると預金口座をロックし、法定相続人全員の同意書か遺言書がないと出金できず、葬式代にも困る事態も生じる。

そこで遺産分割協議の成立前でも、各相続人は単独で金融機関に一定額の払い戻し請求を行うことが可能になった。(1)の法定相続情報証明書と、この手続きをする相続人の住民票・印鑑証明書・実印等を準備する。

金額上限：預金残高× 1/3 ×法定相続分（1 行あたり 150 万円が上限）
・この仮払いの申し出から出金できるまでに、2 週間前後かかる由。 ・なお遺産分割の調停等の申立て中なら、家庭裁判所の判断で預金の全部または一部を仮に取得できる方法もできた。(家事事件手続法)

(5) 持戻し免除の特例 （民法 §903 ④：2019 年 7 月施行）

配偶者・居住用財産の贈与特例（婚姻期間 20 年以上の夫婦間の 2 千万円贈与）を受けているときは、被相続人が特別受益の持戻し免除の意思表示をしていたものとみなす扱いとなる。即ち生前贈与の受贈額は遺産分割協議時に特別受益として加算する必要はなく、配偶者は預金等の他の財産を多く取得できるようになった。

(6) 不動産の権利は登記が優先 （民法 §899 の 2：2019 年 7 月施行）

遺言書に不動産の相続に関する記載があれば、従来は遺言書が優先され、他の相続人等の不動産への権利主張の余地はなかった。

しかし今後は相続登記を放置すれば、自分の法定相続分を超える部分に他の相続人の債権者が差押えしてきたときには対抗できない。

★ **相続登記・放置のリスク！**（2022.5.24『週刊エコノミスト』）
・遺言書には「全財産を長男に相続させる」⇒この相続登記を放置
・借金を抱えた長女の債権者が不動産に対し、債権者代位権に基づき、法定相続分に見合った相続登記を行った上、長女の持分を差押え。
・このとき、兄は「自分が相続でもらった不動産だから、差押えを外せ」とは主張できない。2019年6月以前なら兄の主張が通っていたが……。

(7) 遺留分制度の見直し（民法 §1046：2019年7月施行）

遺留分とは遺産分割時に配偶者・子供・親に認められた最低限の取り分の割合（法定相続分の1/2）で、これ未満の相続人は、他の相続人に対し差額の支払いを請求でき、遺留分侵害額請求権と呼ばれる。

従来は共有分割の審判が多く不満が残るケースも多かったが、金銭精算を基本とする改正が行われ、不動産や非上場株式等は遺留分侵害となる部分を金銭で精算する対応が可能になった。相続人への生前贈与は、相続開始前10年間の生前贈与分を加算した上で遺留分を計算する。

なおこの権利主張は相続発生から1年で時効になる点は従来通り。

(8) 配偶者居住権（民法 §1028、相法 §23の2：2020年4月施行）

建物を「所有権」と「居住権」に分け別々に相続できる新制度で、配偶者の老後の居場所を確保する趣旨。相続税計算にも影響が出る。

・配偶者居住権は、遺言・遺産分割協議・家裁での審判のいずれかで設定
・設定期間は、終身か有期のいずれかを選択
・配偶者居住権は他人への譲渡は不可。居住権の消滅は配偶者の死亡か不動産所有者と合意の上での解除のいずれかになる。
（無償解除なら所有者に贈与税、対価の授受があれば受取った配偶者に譲渡所得税の課税）　　（国税庁 2020.7.7付の詳細な「情報」参照）

①具体例で見たとき

<table>
<tr><th></th><th>母が取得</th><th>子が取得</th></tr>
<tr><td rowspan="2">建物</td><td>配偶者居住権</td><td></td></tr>
<tr><td></td><td>所有権　（負担付）</td></tr>
<tr><td rowspan="2">土地</td><td>敷地利用権</td><td></td></tr>
<tr><td></td><td>所有権　（負担付）</td></tr>
<tr><td>評価額</td><td>・通常の建物・土地の評価額を基に、建物の残存耐用年数や配偶者の平均余命年数等から算出</td><td>・通常の評価額から、それぞれ母の権利評価額を控除した金額</td></tr>
<tr><td>メリット</td><td>・所有権より低い評価額で居住権を確保でき、老後の住まいの不安が解消。評価額が低いため、預金等を多く取得できる可能性が高まる。</td><td>・母死亡後は居住権は消滅し、課税なしで完全な所有権を取得。
✤父と母の相続時の節税策</td></tr>
<tr><td rowspan="2">具体例</td><td colspan="2">a. 遺産は「自宅と多少の預金」→母が自宅の所有権を取得すれば、先々の住まいは確保だが、子が預金を丸々取れば、母は老後資金に不安
※母は住み続ける権利（居住権）と預金を取得…老後が安心
⇒子は低評価の自宅と多少の預金⇒二次相続トータルで相続税の節税</td></tr>
<tr><td colspan="2">b.「後妻が居住するが、後妻死亡時は先妻との間の子に相続させたい」
⇒一次相続で後妻が配偶者居住権を取得し、先妻の子は敷地を取得する。
⇒二次相続では、先妻の子は負担のない完全な所有権を取得する。</td></tr>
</table>

<table>
<tr><td rowspan="6">留意点</td><td>・配偶者が第三者に対抗のため、建物への配偶者居住権の登記が必要</td></tr>
<tr><td>・配偶者居住権付きの家は、原則第三者への賃貸や売却はできない。</td></tr>
<tr><td>（途中で配偶者居住権を解消すると、子か配偶者に課税が発生）</td></tr>
<tr><td>・配偶者が認知症になった場合、配偶者居住権を解消できない。</td></tr>
<tr><td>（配偶者の死亡までこの権利が付いたまま→途中での売却は困難）</td></tr>
<tr><td>・節税面からは「小規模宅地特例」の適用も可能⇒検討の価値あり。</td></tr>
<tr><td colspan="2">✣新制度であり十分な検討が必要。事前に税理士等への相談を。</td></tr>
<tr><td colspan="2">※政府統計 e-Stat の 2021 年 1 ～ 12 月の配偶者居住権の登記件数・全国は 880 件</td></tr>
</table>

② 配偶者居住権を設定するかどうかの検討

<table>
<tr><th colspan="3">節税面だけでなく、先々のことも考えて選択</th></tr>
<tr><td rowspan="2">入　口</td><td rowspan="2">相続時</td><td>◎母は将来の居住を安定確保できる。</td></tr>
<tr><td>◎母は預金等の財産を多く取得できる。</td></tr>
<tr><td rowspan="4">途　中</td><td rowspan="4">種々の出来事</td><td>▲母が施設に入る→無償で解除→長男に贈与税の課税</td></tr>
<tr><td>▲お金が必要・家を売却→居住権の解除→母に対価支払い→母に所得税（総合・譲渡）の課税</td></tr>
<tr><td>▲バリアフリーの大がかりな造作
→費用の負担は誰が……</td></tr>
<tr><td>★配偶者居住権は他人に譲渡出来ない。（民法1032②）</td></tr>
<tr><td rowspan="2">出　口</td><td rowspan="2">母の死亡
（二次相続）</td><td>◎長男は負担なしに戻った土地・建物を取得</td></tr>
<tr><td>（父の相続時に所有権は取得済→二次相続の対象外）</td></tr>
</table>

◎メリットあり　▲リスクあり　★制度としての制約

③ 配偶者『短期』居住権の新設　（“配偶者居住権” と類似だが全くの別物）

配偶者が相続財産の建物に居住していたとき、遺産分割の終了時か相続開始から6か月のいずれか遅い日まで、無償でこの家に住み続けられる権利。遺産分割協議や遺言がなくても、当然に認められる。（民法 §1037）

「家を売るから早く出ていけ…」と言いかねない子供達への対抗策。

(9) 特別寄与料請求権　（民法 §1050、相法 §13④：2019年7月施行）

（例）義父の介護をした“長男の嫁”は、親族ではあるが法定相続人ではないため、遺言がなければ権利として主張する方法はなかった。

今回の民法改正で、義父の介護の世話をした長男の妻等（3親等内の姻族）は、特別寄与料を相続人に請求できるようになった。

この権利行使は相続発生から6か月以内に行う必要があり、相続税の申告・納税が必要。一方この特別寄与料を負担する相続人は、取得した財産額から支払う特別寄与料額を控除した金額が課税価格となる。

補	・法定相続人が親等の介護に大きく貢献しているときは、従来通り民法 §904の2を根拠に、他の相続人に「寄与分」を請求できる。
足	✤寄与分に関する家庭裁判所の審判例では、一般人が想定する金額には到底及ばない厳格な金額の査定になっている様子。

(10) 成年年齢、20歳から18歳に引下げ　（民法 §4：2022年4月施行）

これにより父母の親権に服さず自分の意思で各種契約行為ができ、遺産分割協議時に特別代理人の選任は不要になり、また相続税の未成年者控除の対象範囲が変更になった。

（なお「選挙権年齢・18歳以上」は2016年から施行済）

第3節　負動産問題の法制度

(1) 危険な空き家対策　（空き家等対策特別措置法：2015年から施行済）

住居の敷地（200㎡以下）の固定資産税は1/6に軽減の特例があるため、空き家を管理不全のまま放置し、悪臭・不法投棄・倒壊等の社会問題に発展するケースが増え、法的強制力を伴った制度が順次整備された。

・市町村長が適正管理の指導・助言→勧告→固定資産税の優遇措置の停止→改善命令（違反には50万円以下の罰金）→行政代執行（建物の解体等）→解体費用等は所有者に請求

✤相続放棄をしていても **管理責任** は残る。民法 §940参照

※ 2020 年迄の 5 年間で 1 万余の特定空き家が除却された（行政代執行は 260 件）
※ 2018 年空き家は全国で 849 万戸、2023 年には 1,000 万戸に達するとの予測。（国交省「空家等対策の推進に関する特別措置法の施行状況等について」）

(2) 所有者不明土地対策

全国の所有者不明土地の面積が、今は九州全体・その内に北海道と同規模と言われる状況になり、所有者不明土地問題が表面化。

所有者不明土地とは……下記の㋐が約 66%、㋑が約 32%

㋐相続登記がなく不動産登記簿で今の所有者が不詳の土地。
㋑所有者は判明だが所在が不明で連絡不能の土地。
★いずれも戸籍調査や住民票の追跡調査を、費用と時間を惜しまずに根気強く行えば、現在の権利者は誰かは判明する理屈にはなる。
★東日本大震災時の復興事業時の例では、相続登記が何代にもわたり放置され、現時点での相続人数が 100 人超のケースもあった由。

（月刊誌『ジュリスト』2021 年 9 月号　参照）

放置すれば、国土全体の有効活用の阻害になり、防災や近隣関係に悪影響が及ぶ懸念があるため、新たな法整備が進んでいる。

〈補足〉 **（マンションの区分所有者）所在不明者が増加**

・マンションの老朽化や、賃貸に出しその内に空室のまま……
高齢化で老人ホームに移住等で管理費未納・現況全く不詳……
・大規模改修や将来の建替え時には、区分所有権者の 3/4 ～ 4/5 以上の賛成が必要⇒近い将来、大きな社会問題に発展する懸念がある。

①相続登記の義務化、放置には過料　（不動産登記法 §76 の 2）

従来相続登記は義務ではないため、長年にわたり相続登記が放置され、現時点の所有者が不明の土地が増え、防災上も多くの問題が発生している。

そこで相続で不動産を取得したときは3年以内の登記を義務化し、違反には10万円以下の過料。住所変更等も2年以内の登記が義務化。

相続登記・義務化に伴う新制度⇒**相続人申告登記制度**（同§76の3）
・相続登記は他の共同相続人との共同申請が基本だが、何らかの事情があるときは、単独で自分の法定相続分の登記が可能。 ✤この登記を行っておけば、10万円の過料はかからない。

②遺産未分割で10年経過すると、権利主張に制限（民法§904の3）

未分割状態が10年以上続くと、法定相続分の割合での分割とされ、特別受益や寄与分の主張ができなくなり、不利益が生じてくる。

遺産分割協議が長引く原因の一つが、**特別受益と寄与分**　☞P85
例. 兄は親と同居で家賃不要、子の教育費も親の金が出ている。 娘の私は、長年親の介護や病院送り迎えの苦労ばかり。 例. 次男は親から商売の開業資金を〇〇百万円貰っている。 長男の私は、親と一緒にしんどい農作業に尽くしてきた。

③相続土地は、一定条件のもとで国庫に帰属（相続土地国庫帰属法）

使い道がない負動産は、管理費用（例 80万円等）を国に支払えば一定の条件で、所有権を国に移せる制度ができる。但しこの申請には厳格な条件がある。（☞P52）

※上記①～③の施行時期

ケース	相続発生時期	施行時期
①相続登記	2024.3.31以前	2027.3.31までに登記なら過料なし。
	2024.4.1以降	相続発生から3年以内の登記の義務化。
②遺産分割協議	2023.3.31以前	2028.3.31までに分割協議なら従来通り。
	2023.4.1以降	相続発生から10年間に分割協議をすべし。
③国庫帰属	相続発生時期不問	2023.4.27以降、条件を満たせば申請可能。

（出典：法務省民事局 HP）

所有者不明土地の発生を予防する方策
相続土地国庫帰属法
相続等により取得した土地所有権を国庫に帰属させる制度の創設
背景
① 土地利用ニーズの低下等により、土地を相続したものの、土地を手放したいと考える者が増加している。
② 相続を契機として、土地を望まず取得した所有者の負担感が増しており、管理の不全化を招いている。
○ 相続又は遺贈（相続人に対する遺贈に限る。）により取得した土地を手放して、国庫に帰属させることを可能とする制度を創設する。
○ ただし、管理コストの国への転嫁や土地の管理をおろそかにするモラルハザードが発生するおそれを考慮して、一定の要件（詳細は政省令で規定）を設定し、法務大臣が要件を審査する。
⇒ 将来的に土地が所有者不明化し、管理不全化することを予防することが可能になる。
要件
通常の管理又は処分をするに当たり過分の費用又は労力を要する以下のような土地に該当しないこと
ア 建物や通常の管理又は処分を阻害する工作物等がある土地、 イ 土壌汚染や埋設物がある土地、 ウ 崖がある土地
エ 権利関係に争いがある土地、 オ 担保権等が設定されている土地、 カ 通路など他人によって使用される土地 など
○ 審査手数料のほか、土地の性質に応じた標準的な管理費用を考慮して算出した１０年分の土地管理費相当額の負担金を徴収する（地目、面積、周辺環境等の実情に応じて対応すべく、詳細は政令で規定）。
（参考）現状の国有地の標準的な管理費用（10年分）は、粗放的な管理で足りる原野約20万円、市街地の宅地(200㎡)約80万円
手続イメージ
❶ 承認申請
❷ 法務大臣（法務局）による要件審査・承認
法務局
❸ 申請者が10年分の土地管理費相当額の負担金を納付
【申請権者】
相続又は遺贈（相続人に対する遺贈に限る）により土地を取得した者
※共有地の場合は共有者全員で申請する必要あり
・ 実地調査権限あり
・ 国有財産の管理担当部局等に調査への協力を求めることができる
・ 運用において、国や地方公共団体に対して、承認申請があった旨を情報提供し、土地の寄附受けや地域での有効活用の機会を確保
❹ 国 庫 帰 属
5

第４節　後見制度や家族信託

(1) 認知機能の衰えに備えた各種の制度

	①家族信託	成　年　後　見　制　度	
		②法定後見	③任意後見
概　　要	・将来を見据えた財産管理を信託契約で明確に定める。	・認知症の段階で、裁判所に管理人を決めてもらう。	・元気な内に、先々の財産管理を頼む人を決めておく。
根　　拠	信託法 2006 年改正・相法 §９の２	民法 §858	任意後見契約に関する法律
目　　的	・長期間にわたる資産承継と柔軟な財産管理	本人の保護と支援	
存続期間	自由に設定	・家庭裁判所の後見人選任から、本人の死亡まで。/解任不可	・家庭裁判所の後見監督人の決定から本人の死亡まで。
監 督 人	必須ではない	・家庭裁判所か、後見監督人の監督を受ける。	・任意後見監督人の厳しい監督を受ける。
財産管理の自 由 度	・財産の運用や売却も自由に設定できる。	財産の積極的な活用はできない。（財産の維持・保全が主目的）	
財産管理者	信託契約で定めた者（家族や親族等）	・家庭裁判所が選任した後見人（弁護士・司法書士・親族等）	・任意後見契約で定めた者（本人が決められる）
権　　限	信託財産の管理・運用・処分	・財産管理・法律行為（全般）身上監護権	・財産管理・身上監護権 法律行為（契約内容による）
報　　酬	家族内ゆえ無償も。	後見人に月３万円〜か。	後見監督人に月２万円〜か。
実績件数	家族信託の公正証書化	新規申立件数 28,052 件	後見監督任人選任件数 784 件
2021年全国	日本公証人連合会 /3,200 件	最高裁判所 HP「成年後見関係事件の概況」	

・①は家庭裁判所は関与せず、信頼しあえる家族間での契約で2007年から始まり、今は普及の初期段階。

・②の申立ての動機は、1.預貯金の管理解約 2.身上監護 3.介護保険契約 4.不動産の処分 5.相続手続き 6.保険金受取り等となっており、親族や市役所等が家庭裁判所への申立人になっている。

★2000年成年後見制度がスタートしたが、それ以前は禁治産制度と言われ、禁治産者の旨は戸籍謄本に記載されていた。今は戸籍謄本への記載は廃止され、法務局で成年後見登記の有無を確認する。

(2) 家族信託の概要

高齢に伴う判断能力の衰えに備え、信頼できる家族に今後の財産管理や財産の承継策等を委ねる制度で、公正証書化が必要。

a. 家族相互の信頼関係

家族信託は高齢者や障害のある家族の生活や財産を長期にわたり守り続ける制度で、家族内で打合せを重ね、将来の財産管理や利益分配等の取決めができる。

家族信託の実例はまだ少ないこともあり、事前に弁護士等の専門家も交えて検討することが不可欠。

b. 不動産のときは、登記が必要

登記簿上の所有者欄は信託を原因として受託者に変更登記され、同時に信託の目的や信託財産の管理方法等が記載され、世間の目にも触れる。信託登記以降の固定資産税の納付は受託者が行う。

c. 税務の手続き

家族信託の対処物件が賃貸住宅であれば、毎月の家賃収入は受益者が受取り所得税申告も受益者が行う。受託者は受益者別調書(信託開始時)や信託計算書合計表(毎年)を税務署に提出する必要がある。(所法 §227)

d. 遺産の承継を、次の次まで指定できる

遺言書では、「土地・建物は自分の相続時は妻に相続させ、妻の相続時には長男に相続させる」との2段構えの記載は無効。

しかし家族信託では後継ぎ遺贈型受益者連続信託の方法で、２代先の財産の行き先を決めることができる。（信託法 §91）

e. 注意点

㋐ **家族信託専用の「信託口・口座」を開設してくれる金融機関は少ない。**

可能な金融機関でも種々の条件がつく様子。

㋑ **家族信託に関する裁判トラブル**

本制度は普及の初期段階だが、裁判事例も発生しており要注意。

・コンサルタントの指導で家族信託契約を行ったが、内容に不備があり、特定の相続人が財産を独り占めしてしまった。また指導料等が高額すぎる。（東京地裁 2021.9.17、他に東京地裁 2018.9.12 など）

【参 考 情 報】

「債権」関連もここ数年で改正されており、その概要は下記の通り。

①消滅時効（業種別・細切れの規定から「基本は５年」に・民法 §166）

②法定利率（従来の年 5% を年 3% に。商事法定率 6% の廃止・民法 §404）

③事業用融資の第三者保証の制限（公正証書の作成・民法 §465 の 6）

④契約に関する基本原則の明記（申込み・撤回、遠隔地・対話者等・民法 §521 他）

⑤賃貸借終了時のルール明確化（敷金・通常損耗等の明確化・民法 §622 の 2）

コラム

進化する法律とタイムスケジュール

相続手続きの円滑化

法定相続情報証明制度 ☞ P43

預貯金の仮払い制度 ☞ P45

遺留分侵害額請求権等 ☞ P46

持戻し免除 ☞ P45

遺言書の利用促進

自筆遺言書・方式緩和 ☞ P44

自筆遺言書・法務局保管等 ☞ P106

配偶者の権利擁護

配偶者居住権等 ☞ P46

相続登記の促進

登記の対抗要件 ☞ P45

相続登記・住所変更登記の義務等 ☞ P50

所有不動産記録証明制度 ☞ P57

負動産対策

空家等対策特別措置法 ☞ P49

相続土地国庫帰属法等 ☞ P51

家族信託

信託法（2006 年改正） ☞ P53

特別寄与料請求権 ☞ P49

（シルバー期＆相続発生後）　タイムスケジュール

生前準備	エンディングノート	気づいた都度記録 / 預貯金・不動産・株式・生命保険契約等	**別途メニュー**
	断捨離	預金口座減らし・投資の絞り込み・運転免許証返納	・家族信託
	生前贈与	無理のない範囲 / その都度学資の援助・節目での祝い金	・任意後見契約
	遺言書手配	自筆遺言書の法務局保管制度か公正証書遺言	・死後事務委任契約

相続発生	・死亡届（7 日以内・市役所） ・年金受給者死亡届（年金事務所 10 日以内 / 基礎年金は 14 日以内） **・順 次**　水道・電気等の名義人・振替口座の変更、生命保険金の請求、預金口座や登記の名義人変更					
	3か月以内	・相続放棄の家庭裁判所への申立て	☞ P86 P178	1年以内	・遺留分侵害額請求の期限	☞ P46
	4か月以内	・故人の所得税の準確定申告	☞ P61	3年以内	・不動産・相続登記の義務	☞ P50
	6か月以内	・特別寄与料の請求期限	☞ P49		・相続取得財産売却時特例	☞ P61
	10か月以内	・相続税の申告と納税	☞ P115 P182	10年以内	・特別受益・寄与分の主張	☞ P51

追加情報

相続関連の法制度は、2019 年～ 2020 年に数度の改正があり、更に 2021 年にも不動産登記法が改正され、下記が新たに制定された。

★所有不動産記録証明制度の新設（不動産登記法 119 条の 2）

・2022 年時点では、全国にまたがって不動産を所有している者の全貌を一覧で把握する方法はなく、相続登記時に漏れが生じるケースがあった。

・そこで所有者単位で全国の不動産を登記所の一つの証明書で把握できる仕組みが整えられるようになる。施行時期は 2026 年の予定。

第３章　シルバー期の税務

第１節　所得税関連

所得税の確定申告の結果は納税額の大小以外に、高齢者医療保険や介護保険の保険料及び窓口負担割合にも影響が及ぶので、要注意。

(1)　扶養控除　(所法 §2・84、所基通 2-47)

所得税法上の扶養控除は、"同一生計の親族" で合計所得金額が 48 万円以下の者が対象で、同居は条件ではない。そこで田舎で暮らす両親や祖父母等で所得基準を満たし、かつ毎月仕送りをしている等の同一生計の実態があれば、扶養控除の対象にできる。

立場を変えれば、自分達が前記所得基準を満たし、子供から仕送りを受けているときは、子供の扶養親族に入ることができる。

(2)　医療費控除　足切り額は 10 万円とは限らない　(所法 §73)

・医療費控除額＝〈医療費合計額－(10 万円 or 総所得金額× 5% の低い額)〉

例　70 歳で公的年金・収入金額 200 万円⇒所得金額 90 万円× 5%=4.5 万円 ⇒医療費が 7 万円のとき、7 万円－4.5 万円＝2.5 万円が医療費控除の対象額
※所得金額⇒公的年金だけなら〔年金の収入金額－法定の公的年金等控除額〕

✤セルフメディケーション税制との選択適用も可。(措法 §41 の 17)

〘特定医薬品購入額－1.2 万円(上限 8.8 万円)〙…一定の薬を購入のとき。

✤医療費控除の対象は「自己又は同一生計の親族に係る医療費」であり、同居は条件ではない。

⇒仕送りをしている同一生計の田舎の親の医療費も対象になる。

(3)　証券税制は選択肢が多い　(所法 §92、措法 §37 の 12 の 2 他)

2002 年に「特定口座年間取引報告書」ができ、〈源泉徴収・有〉を選択した特定口座内で取引した上場株式等の譲渡損益や配当額につき、年間の収支や源泉徴収税額等が集約され一覧表で分かるようになった。

なお配当所得の申告を〈する・しない〉を、所得税と住民税とで別々に選択することも可能な非常に便利な制度設計になっている。

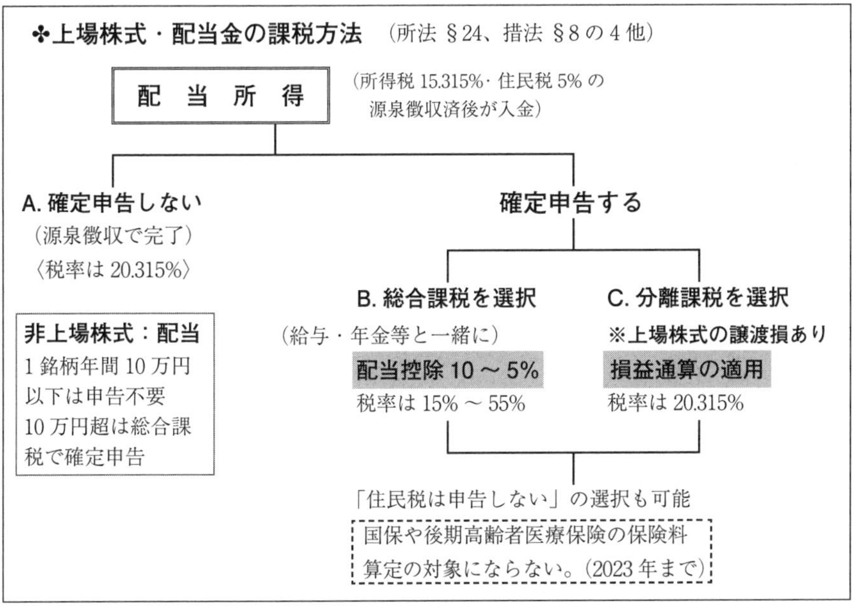

(4) 自宅のバリアフリー工事　（措法 §41の19の3）

工事を行い所得税の確定申告を行うと、税額控除を受けられる。

〈適 用 対 象〉改 修 工 事 の 種 類

・50歳以上の人や要介護認定・障害者に該当する人等が、その所有する家屋に行う下記内容の工事。（一級建築士等の証明が必要）

①介助用車いすでの移動がしやすいように通路・出入口の幅の拡張工事

②階段の勾配を緩和する工事・便所の改良工事・手すりの設置工事

③浴室の改良工事（浴室の増床・浴槽またぎを低く・固定式の踏み台の設置等）

節税効果……標準的な費用の額の10％相当額を所得税額から控除

(5) 自宅を２世帯用に増築　（民法 §242）

父所有の家の増築工事費用を子が負担すると、贈与の問題が生じる。

即ち（民法 §242 不動産の付合）で増築部分は父の所有になり、子からこの価値相当額の贈与を受けた（みなし贈与）との税法の扱い。☞ P66

★父の金での増築なら贈与税問題は生じず、相続税対策にもなる！

(6) 住居の売却を考えるとき

住居の売却時の税金は、**特例の適用の有無で税額に大きな差**が生じる。

・両親の居住する家を、今後も持ち続けるのか、いつかは手放すのか。

・売却するとすれば、親の代でか、相続後か（どの特例を使うか）

✣長期的な視野に立って、プランを練っておく必要がある。

① 父が自宅を生前に売却するとき　（特例不適用の基本パターン・措法 §31）

	購入額	譲渡原価
土　地	2,500万円	2,500万円
建　物	2,000万円	785万円

譲渡金額 － 譲渡原価 ＝ **譲渡所得**
5,000万円 － 3,285万円 ＝ **1,715万円**
（仲介料等の譲渡費用も控除できる）

建物の譲渡原価＝購入額2,000万円－経年対応・減価償却費相当額1,215万円＝785万円

✣ 譲渡所得税の計算　1,715万円× 15.315%=263万円／なお別途 住民税86万円

② 父が自宅を売却し、居住用財産の譲渡特例を適用　（措法 §35）

①の譲渡所得から<u>特別控除（上限3,000万円）</u>⇒譲渡所得は０⇒税額は０

✣この特例は、居住の本拠として利用していた居宅の売却時に適用され、別荘や仕事場等の建物の売却時には不適用。

✣老人ホームに入居のため自宅を売却し入居一時金に充てるときは、引き払ってから３年内※の売却なら、この特例の適用は可能。

（※自宅を引き払った日から３年を経過する日の属する年の年末迄）

★売却先が直系血族や同族会社等なら不適用等の細かい条件がある。

③ 父が死亡し子が自宅を相続取得、子が家を売却するとき　（措法 §39）

上記②特例は不適用で上記①と同様の税額だが、相続税申告期限から３年以内に売却すれば、取得費加算特例を適用できる。

相続税額の内、売却する不動産に対応した相続税額を取得費に加算 →この分だけ譲渡所得金額が減少→税額が少なくなる。

④ 上記③類似で、「相続空き家譲渡特例」に該当のとき　（措法 §35③）

・1981年5月以前に建築の一戸建で、相続発生時点で被相続人が一人住まい、相続発生日から３年後の12月末までの売却であれば、譲渡所得から3,000万円を控除できる。 ・なお相続発生時には既に老人ホーム等に入居中のときや、配偶者や親族等への売却は適用不可、適用期限は2023年12月末まで等と条件が厳しい。

(7) 所得税の準確定申告　（所法 §124）

故人のその年の１月１日～死亡日の期間の所得は、相続発生後４か月以内に相続人が税務署に申告・納税する必要がある。（還付もありうる）

※故人が消費税の納税義務者だった場合も、同類の手続き（消法 §57）

準確定申告は、相続人全員で申告・納税を行うことになり、所得税計算は通常の確定申告時と同様の手法で計算することになる。

第２節　相続及び相続税の概要

(1) そもそも相続とは

① 農業が生活の基盤であった時代は、庶民にとり土地＝農地が一大事で、長子が全てを承継し一族を束ねることが最優先され、遺産分割協

議的な動きはなかった。

貴族・武家レベルでは、権力の争奪戦が繰り返され、錦の御旗として血筋が重視されてきた。

② 商工業が発展し経済活動が活発になってくると、実力のある者が実権を握る時代となり、暖簾分け・分家・婿養子等の形態での財産承継が行われた。

③ 江戸時代以降～昭和前期は、儒教的な雰囲気のもと家督相続がメインとなり、長男が全てを承継・その代わり一族の面倒を見る形態が一般的になった。

相続税は日露戦争時に導入されたが大地主や豪商等が対象であり、庶民が相続税を意識するのは、昭和後半の高度経済成長期以降となる。

④ 土地が投資・投機の対象となり挙句に争族の原因となる時代になると、いわゆる相続ビジネス〈節税対策〉が花盛りに！　笑う人・泣く人、争族の渦中の人……

⑤ 煎じ詰めると、相続の意義は、下記にあると思われる。

①残された家族の生活保障としての財産裏付け

夫婦で働いて子供を育て、子・孫に財産を承継して一族の安定を図る。

②取引の安全を保証する社会システム

人の死亡で権利義務が消滅してしまうと、安心して取引ができない。

③相続人の潜在的持分としての相続

被相続人の蓄財は、家族それぞれが貢献した結果でもある。

⑥「**相続税は何のためにあるのか**」　この点も再認識しておきたい。

資産格差の是正（富の集中排除）と、超高齢化社会の社会保障費等の財源としての役割に相続税の意義があると説明されている。

なお一方では、所得の稼得時には所得税が課されており、その累積たる相続財産に改めて相続税を課すのは二重課税ではないのかの議論もある。

税と社会の動きは裏表の関係にあり、相続の法制度が変われば相続税法も変わり、相続税を含む税制が変わると節税策レベル等で相続の実相も変化してくると思われる。

(2) 相続税の課税方式

世界的に見ると、日本の課税方式とは異なる国も多い。

〈相続税の課税方式の類型〉

			現行の制度
	a. 遺産課税方式	b. 遺産取得課税方式	c. 法定相続分課税方式
概　要	・遺産全体を課税物件とし、遺言執行者を納税義務者として課税する。(プロベイト方式)	・遺産の取得者を納税義務者とし、その者の取得遺産を課税物件として課税する。	・ｂを基本に、法定相続人数と法定相続分で相続税総額を算出→各自の取得財産額に応じて按分して負担。
採用国	米・英	独・仏・日本（戦後一時）	日本（1958年～　）
考え方	・被相続人の一生の税負担の清算を行い、生存中に蓄積した富を社会に還元する。	・偶然の理由による富の増加に担税力を見出し相続人に課税することで富の集中を抑制する。	・累進税率の緩和を意図した仮想分割への対応も含め、遺産総額に対する税負担に差異が生じない。
特　色	・財産と負債を集計→財産が残れば相続させるのが基本 ⇒日本のように、債務を相続人が承継することは発生しない。	・個々の相続人が取得財産に応じた累進税率を負担する。 ・遺産分割の仕方で、遺産全体に対する税負担総額に差異が生じる。	a・ｂそれぞれの長所を採用 ①他の相続人の取得財産も把握しないと、正確な税額計算・申告ができない。 ②財産総額が同額でも相続人数により税額に差が発生。 ③相続人それぞれに連帯納付義務が課せられる。

現行方式では、下記のような不都合なことが発生する。

㋐他の相続人の取得財産額がわからないとき⇒正確な申告ができない。

㋑遺産額は同額でも、子供の数が多い家族の相続税額は安くて済む。

㋒相続人の一人が相続税を滞納⇒連帯納付責任として、他の相続人に請求される。

㋓相続人の一人が財産隠し→追徴税額が発生⇒他の相続人に追加納付義務が及ぶ。

参考：相続税がない国：シンガポール・ニュージーランド・スイス・メキシコ等

(3) 最近の相続税制の変遷

高齢化社会で老々相続のパターンが増え、相続による次世代への資産の移転時期が遅れる現象が顕著になり、若い世代への早期の資産移転を誘導する贈与の特例制度が、2013年以降に導入された。

一方で少子高齢化社会に伴う社会保障費の増加に伴う財政悪化を受け、相続税の基礎控除の圧縮（増税）の改正も行われた。

①相続時精算課税制度の導入　（2003年） ☞ P66

相続税と贈与税にまたがった新たな課税手法で、一定条件下での直系親族間の贈与は贈与時点では2,500万円迄は無税、但し親の相続発生時には生前贈与分も加算して相続税を課す制度。

②相続税の基礎控除額の圧縮等　（2015年） ☞ P118

高齢化社会で介護・医療等の社会保障費が増加し財政の悪化が進み、その財源を捻出するため相続税の課税強化が行なわれた。

・基礎控除額：5000万円＋ @1000万円→ 3000万円＋ @600万円・最高税率：50% → 55%

③国際的な資産運用や人の移動に対して

人や財産は簡単に国境を越える時代であり、逃税目的で一定年数だけ香港等に転居したり、タックス・ヘイブンで投資を行う富裕層が存在しており、規制措置として各種の制度が導入されている。

a. 相続税・贈与税の納税義務者の範囲の拡大（相法 §1の3・1の4）

b. 国外転出時の出国税（1億円以上の有価証券を所有→含み益に所得税課税）

c. 5千万円以上の国外財産を有する者は、国外財産調書の提出義務

d. CRS制度（他の国々との金融情報等の相互交換・通報の制度）　等

④民法・相続編の改正に伴う相続税法の一部改正　（2018年以降）

配偶者居住権や特別寄与者の権利等の民法改正に対応して、相続税計算にも影響が及ぶため、相続税法や通達の改正が行われた。☞ P49・126

第３節　贈与及び贈与税の概要

(1) 贈与の種類

①民法上の贈与　（民法 §549 ～ 554）

贈与は“当事者の一方が財産を無償で相手方に与える意思を表示し、相手方の受諾で効力を生ずる”と規定され、双方の意思の合致が必要。

従って（例）孫名義の通帳に単に振込むだけでは贈与したことにはならない。なお下記ａ～ｃも双方の合意があれば贈与となる。

類　型	具　体　例
a.定 期 贈 与	・（例）10年間にわたって、毎年○○円を贈与する。
b.負担付き贈与	・老後の世話をしてくれることを条件に○○を贈与する。
c.死 因 贈 与	・私が死んだら○○不動産を贈与する。（仮登記も可能） （効力が生じる相続発生時に、相続税の課税対象となる）

✤贈与する側・される側は、親族に限らず他人間でも問題はない。
（なお法人からの贈与は、所得税・一時所得の扱いとなる）
✤相続時精算課税制度や教育資金一括贈与等では、一定の親族関係にあることが条件になる。
✤贈与の成立に書面は必須ではないが、口約束では具体的な証拠がなく強く主張できない。

②税法上の贈与　（相法 §5 ～ 9の2）

贈与税は生前贈与による相続税の回避を防止するため、1947年に相続税の補完税として相続税法の中に規定された。通常は贈与とは言わない下記ケースも、税法上は贈与と同類とみなして贈与税が課税される。

みなし贈与の例	贈与税の対象者⇒課税対象額
・著しく低い対価での財産の譲渡	・譲受人⇒時価との差額
・債務の免除を受ける	・免除を受けた人⇒免除額
・債務の肩代わり	・肩代してもらった人⇒肩代わり額

・親名義の家の増築費用を子が負担すると、親に贈与税がかかる。
（民法 §242 の符合となり、親は子から増築費用相当額の贈与を受けたとの扱い）
✤国税庁 HP タックスアンサー No.4557 に詳細説明がある。

(2) 贈与の各種税制

高齢者の金融資産を早期に若い世代に移転させ、景気循環に役立たせようとの政策的意図のもと、下記③④の贈与税の特例が次々に増えている。

①暦年贈与　（基本パターン・相法 §21 の 5）

・毎年 110 万円以内の贈与は無税で、超過部分に 10 ～ 55% の累進税率

・贈与者に相続が発生すると、法定相続人への 3 年以内の贈与額は、相続税計算時に加算して相続税額を算出する。
（駆け込み贈与で相続税の節税を図ることを規制。相法 §19）

②配偶者間の居住用不動産・贈与特例　（相法 §21 の 6）

・戸籍上の婚姻期間が 20 年以上の夫婦間の居住用不動産や住宅資金の贈与は、2 千万円以内なら無税。但し一生に一度だけ。

（✤ 夫の単独名義の自宅を、妻と 1/2 ずつの共有名義にする等、妻に贈与する持分の評価額が 2 千万円内に収まるようにするのがコツ）

・贈与者の相続発生時の 3 年内贈与加算は対象外の扱いや、民法 §903 ④持戻し免除と、何かと優遇されている。
（2020 年の利用者は 14,263 人で一人平均 620 万円の贈与額）

✤登記時に登録免許税が（建物の築年数等により不動産取得税も）課税されるので留意。

③相続時精算課税制度　（相法 §21 の 9 ～ 21 の 17）

・60 歳以上の親や祖父母から 18 歳以上の子・孫への贈与の際、この制度を選択すれば、2,500 万円迄は贈与時点では無税、超過部分には一律 20% の贈与税がかかる。（贈与の対象は金銭・不動産等のいずれでも可）

・但し下記の厳格な条件があり、これを承知の上で選択すべきである。（2020 年中の当制度の利用者は 39,823 人で、一人当たり 1,705 万円の贈与額）

a. 選択した翌年２月１日～３月 15 日までに必ず所定の届出書を税務署に提出。
b. 今後、暦年贈与制度（年間 110 万円以下は非課税）の利用はできず、贈与を受けた年には金額の大小を問わず、税務署に贈与税の申告。
c. 2,500 万円を超えたときは、20％の贈与税の課税。
d. 贈与者の相続発生時は、この制度利用累計額を相続財産に加算して相続税額を計算。（既に 20％の贈与税を支払済なら相続税額から控除）

※なお住宅取得のためなら、贈与者の年齢が 60 歳未満でもこの制度の適用が認められる。（措法 §70 の 3）

※この制度特有のメリットとデメリットを十分に承知の上で使うべし！

この制度を利用して贈与を受けた物件が、贈与者の死亡時点で、当初より値上がり・値下がりがあっても、相続税計算時に加算するのは<u>当初の申告数字のまま</u>。

★将来値上がり確実な財産は好都合だが…。10 年～ 20 年先～が読み切れるか。

この制度のメリット

・相続税がかかる心配のない人は、安心して贈与できる。
・賃貸マンション等の収益物件や値上がり確実な財産の贈与は、お得！
・早期の財産移転で、子の自由意思で財産の有効活用が図れる。

④生前一括贈与特例　（措法 §70 の２～ 70 の２の３）

※各制度の概要は P68 の通りであり、利用を検討の際は**詳細条件の確認**が不可欠である。

	a. 教育資金	b. 結婚・子育て資金	c. 住宅取得資金
贈与者	直系尊属（父母または祖父母）		
受贈者	30歳未満の子や孫に	18〜50歳未満の子や孫に	18歳以上の子や孫に
資金使途	授業料・教材等の費用	結婚披露宴・出産関連費等	マイホームの購入・新築
非課税枠	1,500万円 （塾・スポーツクラブは内500万円）	1,000万円 （結婚資金は内300万円）	1,000万円（省エネ住宅） 500万円（上記以外）
適用期限	〜2023年3月		〜2023年12月
資金の入出金	・信託銀行等で贈与者名義の専用口座を開設して入金。 ・支払った領収書等を銀行等に提示→都度払い出し		・直系尊属→子や孫 →業者に支払い
使い残しの残高	・受贈者が30歳時点で残高あり ⇒贈与税の課税	・受贈者が50歳時点で残高あり ⇒贈与税の課税	住宅取得以外の部分 ⇒贈与税の課税
贈与者の死亡時	・その時点の残高を相続税計算に取り込み、相続税の計算対象になる。 ⇒受贈者も相続税の納税義務者に。（孫は2割加算）（aは、23歳未満や在学中は除く）		相続開始前3年以内の贈与額の加算の対象外
申告書類	・専用口座を開設する信託銀行等に非課税の申告書を提出（銀行から税務署にこの書類が回る）		・翌年3月15日迄に税務署に 非課税の申告書を提出
利用者数と贈与平均額	21,660人　@667万円	363人　@461万円	60,142人　@1,164万円

※最下段は、国税庁［令和2年度（2020）・贈与税の申告・課税状況］から入手

行きは よいよい、帰りは 怖い！

・贈与時点で上記の条件に合致し、申告期限（翌年の3月15日）までに申告すれば無税。なお受贈者に一定の所得条件がある。

・a. b. は、ともに、受贈者が一定の年齢時点で**使い残し**→その残高に対し贈与税

・a. b. は、贈与者に相続発生→**その時点の残高**が相続税の課税対象に。

✤これらの生前一括贈与特例は〖富裕層への優遇が過大〗として、廃止論も出ている。☞ P74

⑤直系尊属からの贈与の税率特例　（措法 §70の2の5）☞ P71

直系尊属から18歳以上の子や孫に500万円以上を贈与したときの税率は、通常の贈与時より少し低くなる。（特例贈与財産と言う）

（例）1千万円の贈与：通常なら贈与税は231万円、この特例なら177万円。

(3) 細かい条件に要注意

各種特例には、細かい条件や提出書類や期限等が決められており、「知らなかった」「たった1日遅れだから認めて…」と言っても通らない！

a. 配偶者間の居住用不動産の贈与特例

結婚して20数年だが、戸籍上の婚姻期間は19年と11か月→適用不可

b. 相続時精算課税制度

親の60歳の誕生日に2,500万円贈与（1月1日では59歳）→適用不可

条件はOKだが、翌年3/15迄の贈与税申告を行わず→→→適用不可

c. 教育資金一括贈与特例

教育資金として学校等に直接支払った証拠資料なし→出金不可

下宿代や海外留学時の滞在費も全て対象と思い込み→ 出金不可

孫が30歳時点でこの口座残高が多い。→これには贈与税の課税

贈与者に相続発生→この時点の残高は相続財産に加算

d. 結婚・子育て資金一括贈与特例

新婚旅行費用は対象外

婚姻届けが条件（この日の前後1年間の、出金条件に適った分が対象）

✤c.d. に共通の注意点

・信託銀行等で**専用口座を開設せず**、孫の口座に振込み→適用不可

・贈与後に老人ホーム入居資金が必要→**後で戻してもらう**→贈与税の課税

同じ税制でも次々に改正 のケースもあり、要注意！
（例）教育資金一括贈与特例（贈与者が死亡⇒その時点の残高の扱い）

～ 2019/3 月	相続税の課税　なし
～ 2021/3 月	死亡前 3 年内の拠出分に相続税の課税
2021/4 月～	拠出年を問わず相続税の課税かつ相続税額の 2 割加算

✣他にも細部の条件変更が、種々行われているので要注意。

(4) 贈与の原点に戻って考えると……

相続税法に下記の規定があり、該当すれば非課税。かつ申告も不要。

親族内の、世間によくある通常の贈与には課税しないとの常識的な基準。

> **相続税法第 21 条の 3**（贈与税の非課税財産）
> 扶養義務者相互間において生活費又は教育費に充てるためにした贈与により取得した財産のうち通常必要と認められるもの

★但し必要の都度、必要な金額の贈与であること。

贈与税が非課税となるもの

✣相法 §21 の 3・相基通 21 の 3 の 1 ～ 21 の 3 の 9 に記載されている。

①扶養義務者からの生活費や教育のための贈与財産

扶養義務者から必要の都度、これらの用に充てるために贈与を受けた通常必要と認められる金額。

②社交上必要と認められる香典・花輪代・盆暮の中元・歳暮等

③離婚に際しての財産分与

贈与税や相続税を不当に免れる意図での分与部分は除く。

④債務超過で親族から債務免除や債務肩代わりを受けたとき

⑤相続開始の年に被相続人から贈与を受けた財産

これは贈与税でなく、相続税の課税対象になる。

⑥法人からの贈与財産……所得税（一時所得）の課税対象。

✣国税庁 HP に平成 25 年 12 月付けで「贈与税に関するＱ＆Ａ」の掲載があり、具体的な８問に関する解説がある。これも参考に。

扶養義務者（父母や祖父母）から「生活費」又は「教育費」の贈与を受けた場合の贈与税に関するＱ＆Ａ

(5) 贈与税の計算　☞ P188

①贈与税計算の概要　（相法 §21 の 7）

贈与を受けた人ごとに、年間の受贈額から基礎控除 110 万円を控除した残額に対して、10 ～ 55% の超過累進税率を当てはめる。

（下記の B は、「⑤直系尊属からの贈与特例☞ P69」を適用したケース）

A. 一般的な贈与			B. 直系尊属からの贈与（受贈者は 18 歳以上）		
110 万円控除後	税率	控除額	110 万円控除後	税率	控除額
200 万円以下	10%	－	200 万円以下	10%	－
300 万円以下	15%	10 万円			
400 万円以下	20%	25 万円	400 万円以下	15%	10 万円
600 万円以下	30%	65 万円	600 万円以下	20%	30 万円
1,000 万円以下	40%	125 万円	1,000 万円以下	30%	90 万円
1,500 万円以下	45%	175 万円	1,500 万円以下	40%	190 万円
3,000 万円以下	50%	250 万円	3,000 万円以下	45%	265 万円
3,000 万円超	55%	400 万円	4,500 万円以下	50%	415 万円
			4,500 万円超	55%	640 万円

（例）父から 300 万円・母から 200 万円計 500 万円の贈与を受けたとき。（500 万円－110 万円＝ 390 万円を上記に当てはめ）	
A. 一般的な贈与のとき	B. 直系尊属からの贈与のとき
390 万円×20%－25 万円 =53 万円	390 万円×15%－10 万円 =48.5 万円

②財産の評価方法　☞ P122

相続税計算時と同様に「財産評価基本通達」に基づいて行う。

(6) 贈与税の税務調査

相続税の調査と類似だが、贈与税に特有の点は下記の通り。

①調査期間の基本は、法定申告期限から6年間（相続税は5年間）。但し脱税の疑いがあるときは、相続税同様に7年間に延長。

②「110万円＋α」の贈与があったと、あえて申告を行い、少額の納税をしておけば、税務対策は十分との都市伝説があるが…。

「あえて申告」事件　〈裁決 2007.6.26〉

・贈与事実の存否の判断に当たって、贈与税の申告・納税の事実は贈与事実を認定する上での一つの証拠とは認められるものの、贈与事実の存否は、あくまでも具体的な事実関係を総合勘案して判断すべき。

・（非上場株式の贈与の本件では）①取締役会の承認を得る行動なし②「財産債務の明細書」は本件株式の贈与を反映した数字ではない等から、贈与事実は否認

〈参考事例〉強烈な「武富士・株式贈与事件」

従来、「日本人が国内にある財産を国内に住む子供に贈与する」のが大半だったが、昨今の国際化に伴い資産や住所を国外に移すケースも増え、相続税法が次々に改正された。その代表例が下記。

・消費者金融会社の創業者が、1998年に長男に自社株式を贈与。

　・長男は香港等での国外居住割合が7割強⇒非居住者に変身

　・親は自社株式を1998年にオランダ本社の会社に譲渡⇒海外資産に変身

　・1999年に親→長男にオランダ会社の株式を贈与

・当人：〖国外資産を非居住者に贈与〗であり、贈与税の課税対象ではない。

当局：長男は頻繁に日本に帰国し生活の本拠地は日本→贈与税 1,157 億円の課税

★ 2011.2.18 最高裁で当局が敗訴し、還付加算金も含め約 2,000 億円を還付。

⬇

・相続税法改正で、国籍や日本での居住歴 10 年等のガンジがらめの規定になり、贈与税や相続税の脱法的なパターンは封じ込められた。（相法§１の３・１の４）

第４節　相続税と贈与税の一体化構想

「令和４年度・税制改正大綱」で表面化し、週刊誌等では『贈与税は廃止、駆け込み贈与で節税！』等の記事も見受けるが、2022 年９月段階では当局は継続検討中の由。

（出典：「令和４年度税制改正大綱」自民党公明党）

（２）相続税・贈与税のあり方

高齢化等に伴い、高齢世代に資産が偏在するとともに、相続による資産の世代間移転の時期がより高齢期にシフトしており、結果として若年世代への資産移転が進みにくい状況にある。

高齢世代が保有する資産がより早いタイミングで若年世代に移転することになれば、その有効活用を通じた経済の活性化が期待される。

一方、相続税・贈与税は、税制が資産の再分配機能を果たす上で重要な役割を担っている。高齢世代の資産が、適切な負担を伴うことなく世代を超えて引き継がれることとなれば、格差の固定化につながりかねない。

このため、資産の再分配機能の確保を図りつつ、資産の早期の世代間移転を促進するための税制を構築していくことが重要である。

わが国では、相続税と贈与税が別個の税体系として存在しており、贈与税は、相続税の累進回避を防止する観点から高い税率が設定されている。このため、将来の相続財産が比較的少ない層にとっては、生前贈与に対し抑制的に働いて

いる面がある一方で、相当に高額な相続財産を有する層にとっては、財産の分割贈与を通じて相続税の累進負担を回避しながら多額の財産を移転することが可能となっている。

今後、諸外国の制度も参考にしつつ、相続税と贈与税をより一体的に捉えて課税する観点から、現行の相続時精算課税制度と暦年課税制度のあり方を見直すなど、格差の固定化防止等の観点も踏まえながら、資産移転時期の選択に中立的な税制の構築に向けて、本格的な検討を進める。

あわせて、経済対策として現在講じられている贈与税の非課税措置は、限度額の範囲内では家族内における資産の移転に対して何らの税負担も求めない制度となっていることから、そのあり方について、格差の固定化防止等の観点を踏まえ、不断の見直しを行っていく必要がある。

・2022年以降、週刊誌等には「贈与税制 激変、駆け込み贈与は今の内に」式の記事が増えたが、震源地は上記記事中の**【資産移転時期の選択に中立的な税制】**の点。
・2022年10月には、改正案が新聞報道されだしており、下記がその概要
　・相続発生前3年以内の相続人への贈与は相続税申告時に加算⇒5～10年のいずれかに延長
　・生前贈与で金を若者に廻し経済の活性化を図る→相続時精算課税制度の条件を緩和。
　・なお教育資金や結婚・子育ての一括贈与特例は2023年で廃止の案も。
※最終的には、2022年12月公表の「2023年度税制改正大綱」で詳細が判明する。

コラム

税は世に連れ、世は税に連れ……

①主婦のパート勤務　103 万円の壁　（所法 §83）

妻が多く働き所得が増加→配偶者控除等がなくなる→ 103 万円未満で働く。

※家族単位での所得捕捉の手法にこそ問題あり！

★株式譲渡所得が大きい人ほど税負担率が低い逆転現象を「1 億円の壁」☞ P156

②住宅ローン控除、借入残高 ×1% の所得税額控除　（措法 §41）

低金利時代で、住宅ローン金利の主流は 1% 未満に→しかし 1% は控除！

※逆ザヤは国からの臨時ボーナス！　やっと 2022 年から 0.7% に引下げ。

③相続税対策⇒借金してアパート経営 次々に　「家賃保証」のトリック

・今は空き部屋だらけでローン地獄。節税対策の積りがあだ花に。

※うまい話を創出した業者や銀行が悪いのか、乗せられた側の自己責任か…。

④ふるさと納税　オマケ狙いの狂想曲　2021 年は全国で 8302 億円

ネーミングがうまい→納税ではなく寄付金控除が実態。（所法 §78）

※地方自治体間の税金の分捕り合戦⇒本来の目的は何？　お互いに再考を！

集金：紋別市 152 億円・都城市 146 億円 ……

吐き出し：横浜市 230 億円・名古屋市 143 億円 ……

⑤公営ギャンブルの儲けへの課税、古い通達を墨守のまま！

・ネットでの馬券購入の時代だが、課税は従来からの通達通りの手法。

・会計検査院は「公営ギャンブルの高額払戻金の申告漏れが 100 億円も」と令和元年に指摘済だが、税務当局は制度面からの改革案はまだ…。

※『宝くじで 1 億円当たった人の末路』（鈴木信行著・日経 BP 社）⇒別視点だが参考に。

⑥「浜の真砂は尽きるとも世に盗人の種は尽きまじ」（石川五右衛門）

・手を変え品を変えての節税術→通達改正等で抑え込み⇒この繰り返し

・香港・シンガポールに一時移住やタワーマンション投資⇒締め付け厳しく。

⇒「都心のビルを小口化して所有⇒節税」が流行→→自己責任の世界！

⑦なりふり構わず「安ければ……」・「皆で渡れば……」（措法§42の3）

・法人税では資本金1億円を境にして、中小企業には軽減税率等の優遇策。下記は資本金を1億円にした会社の例（社名の横は元の資本金額）

〈吉本興業125億円・スカイマーク90億円・毎日新聞41億円〉

★HIS（旅行会社）は247億円から1億円に減資で中小企業扱いだが、東証プライム上場は継続のまま！　おかしい！！

⑧飼い主が老いればペットも……　これも時代の流れ。

・飼い主が要介護・認知症等になっても、我が子同然の犬・猫の行く末のための老犬ホームや老猫用シェルター等の需要が増え、ビジネスとしても活況の由。

・犬・猫に遺言書を残す訳にいかず、老犬ホーム等に前納金○○万円を納め、最後まで世話を見てもらうシステムになっている様子。

※2022年6月に犬・猫等の販売業者にマイクロチップの装着を義務化。時代！

⑨相続ビジネス　花盛り（「うまい話にはトゲ」を忘れずに！）

金融機関・資産運用会社等⇒外貨建ての預金や保険・不動産小口投資・リバースローン等

高齢者施設⇒初期費用安く・毎月は高く等のあの手・この手。業者の信用度はどうなのか！

相続や葬式のコンサルタント、身元保証や終活カウンセラー等々、〈衣の下に何が…〉

第 4 章　遺産の分割

第 1 節　遺産分割の流れ

(1) 概　要

遺言書→ あり → **遺言書の内容に従い分割** ——→ 遺留分侵害があれば裁判等に。

・公正証書遺言書や法務局保管遺言書
・自筆証書遺言書→家庭裁判所の検認
➡ 遺言書通りに分割
（疑義あれば、裁判等に）

なし → **相続人間で遺産分割協議** ——→ 各相続人の心身・生活状況等を考慮し、法定相続分も参酌して協議・決定する。
（寄与分や特別受益も加味）

協議不成立 ——→ 家庭裁判所（調停→審判）
↘ 上訴（高等裁判所→最高裁判所）

(2) 分割協議の心得

①円満な遺産分割の合意が最優先

揉めると人間関係がこじれ修復不可能状態に。かつ税金面では各種の税法特例が使えず増税となり、損なことばかり。

②納税資金の検討が必要

10 か月以内に現金納付ができるよう、各相続人に現預金等の分割が可能かの検討も必要。

③無理のない範囲で節税対策

節税に繋がる特例を可能な範囲で使い、相続税の軽減を図る。

なお節税オンリーで突っ走ると、分割協議がまとまらない懸念も。

④争族の原因のパターン

揉める原因は次のいずれかと思われ、早めに火種を消しておきたい。

a. 相続人の範囲	・死後認知、嫡出否認、数代にわたる相続登記放置で相続人探し etc ・被相続人との養子縁組や婚姻に関し、他の相続人から無効の主張
b. 遺産の範囲	・通帳出金の中に多額の使途不明金、誰が何に使った？ ・多くの上場株式を持っていたはず、ゴルフ会員権があったはず等
c. 遺産の評価	・土地の実勢価格はもっと高いから取りすぎ、私にもっと回して… ・この株式は成長性が高いからもっと高く評価して、差額を私に…
d. 分割に関して	・生活が苦しいからもっと欲しい。親は「家はお前に」と言っていた。 ・そもそも遺言書に問題あり。私はA土地でなくB土地が欲しい。
e. 特別受益	・Aは家を買って貰いBは留学させて貰い…。なのに私は何も……
f. 寄与分	・私は親の介護にこれだけも…。家業の隆盛は実質私の力だから…
g. 遺留分侵害	・遺留分に到底満たないから、もっと貰って当然！
h. 主な財産は自宅だけ	・売却して均等分割となれば、親を看てきた俺はどこに住むの…… ★せめて親が遺言書でハッキリ書いてくれておれば！

争族の原因・背景は、上記の理屈面だけではなく、下記のいずれかにありでは……

・親子間の確執・怨念　・兄弟姉妹の仲違い　・極端にアンバランスな遺言

✣争族防止の切り札✣

a. 親は子を当てにしない ……… 老後資金や施設入居費用等は親の金で。

b. 子は親を当てにしない ……… 親から独立した生活力を身につける。

c. 隠しごとのない円満な家族 ……… これに尽きる。

(3) 法定相続人の正確な把握

戸籍は人の出生から死亡までの親族関係を登録する公文書であり、「夫婦と未婚の子」または「未婚の親と子」を基本単位とし、下記ルールで編製される。

⇒親子・兄弟等の確定には、**出生から死亡までの全戸籍謄本の調査**が必要。

<table>
<tr><td colspan="2">①誕生時は親の戸籍に入り、結婚すると独立して夫婦の戸籍が作られる。
②法令に基づく戸籍の改製時には、元の戸籍の全ては転記されない。
③本籍地の移動や、再婚して別の人の戸籍に入ったときも②と同じ。</td></tr>
<tr><td>実例
体験&伝聞</td><td>a. 被相続人が生前に認知していた子や養子縁組した子が判明
b. 前の結婚時の子は母の戸籍に入っていた→母は、再婚で本籍地移動→母の全戸籍謄本を入手→異父兄弟を初めて知る→分割協議難航
c. 相続人となる兄弟が既に死亡→更に戸籍調査を続行→兄弟の子が代襲相続人となる
（複数の子が判明→遺産分割協議時に初めて顔合わせのケースも）
d. 土地の登記名義人は先々代→司法書士依頼で戸籍謄本調査（報酬○○万円）
現時点で同意の判を貰うべきは○○人・大半が初対面⇒ハンコ代は▲▲円。</td></tr>
</table>

法定相続人の各種事例

① **婿養子**（男の子がいないので娘に婿養子を迎え、養子縁組）

その後 娘夫婦は離婚したが、親と入り婿との養子縁組はそのまま。

⇒養親に相続発生⇒元の婿は１親等の法定相続人のまま。

② **“妻の座”は、婚姻期間の長短等は関係しない。**☞ P122

・配偶者の税額控除等の優遇税制は、婚姻期間の長短は関係しない。

・配偶者であるか否かは、原則として相続開始時の戸籍で決まるため、長く別居状態であっても、正式に離婚するまでは法定相続人。

③ **養子は、実の両親及び養父母双方の法定相続人になる。**

・養子の人数制限（実子ありのときは１人、なしのときは２人）
⇒相法 §15

・相続の一代飛ばしの孫養子→相続税額は通常の２割増し ⇒相法 §18
〈なお特別養子縁組（民法 §817 の 2）は、実の親との縁は完全に切断〉

④ **再婚した配偶者の連れ子は、法定相続人ではない。**
養子縁組を行えば、法定相続人になる。

⑤ **非嫡出子の法定相続分**、2013.9.4 最高裁判決を受け 1/2 規定は削除。

★ 戸籍謄本類を集め、法定相続人を確定させるのは大変な作業！

✤自分自身の将来の相続に備え、子供達に余分な手間をかけさせないため、自分の出生時～現在の戸籍謄本類（除籍謄本や改製原戸籍等）を取り寄せ、子供達に渡しておくべし。（これらは有効期限の定めなし）

(4) 法定相続分の意義

①遺産分割の基準

法定相続分は遺産分割時の一応の目安であり、相続人間の協議でこれと異なる割合での分割も可能。遺産分割協議が不調で家庭裁判所の審判に移行時には法定相続分が基準になる。（そのため法廷相続分とも言われる）

民法 §906（遺産の分割の基準）

遺産の分割は、遺産に属する物又は権利の種類及び性質、各相続人の年齢、職業、心身の状態及び生活の状況その他一切の事情を考慮してこれをする。

✤相続人全員が納得すれば、法定相続分と異なる分割内容でも問題はない。

✤話し合いの中で、特別受益（民法 §903）や寄与分（民法 §904 の 2）の金額も考慮に入れて、相続人全員の合意の成立を目指すことになる。

②代襲相続人 だいしゅうそうぞくにん （民法 §887 ②）

相続発生時に、本来相続人となる筈の人が既に死亡しておれば、その子が代わって相続の権利を有することになる。不動産登記が何代にもわたって放置のケースではネズミ算的に代襲相続人が増え、現在の生存所有者を確定させるのに大変な労力を要することになる。

③遺留分《いりゅうぶん》（民法 §1042）

法定相続人に保障されている最低限の取り分（但し兄弟姉妹にはない）で、元々の法定相続分の1/2（尊属の場合は1/3）。なお相続時の遺産額だけでなく、生前贈与の一部も遺留分計算の対象に加算される。

遺留分につき、2019年7月に民法の一部改正が行われた。☞ P46

④相続の欠格や廃除（民法 §891・892）

法定相続人に相続させない手続きとして、民法に下記の規定がある。

相続人の欠格	・相続に関して不当・不正な行為をした場合に、相続人の資格を剥奪する制度。（親を殺害・遺言書を偽造・隠蔽等）
相続人の廃除	・故人への虐待・侮辱や著しい非行等のとき、家庭裁判所の判断で相続権を失わせる制度。

第2節　遺産の正確な把握

遺産の分割協議を行うには、遺産の範囲・金額等の正確な把握が大前提。相続人それぞれが知っている断片的な情報を収集・整理し、一方で通帳や郵便物・ノート類を探す等の地道な作業を通じて、全体を把握する。

(1) 預貯金

取引の可能性がある銀行に現在残高と既往の取引履歴の開示を求める。

（以前は相続人全員での開示請求が必要だったが、今は相続人一人で可能）

メガバンクでは「全店照会」の制度もある由（但し手数料が必要）。

税務で悩ましいのが名義預金で税務調査で必ず重点チェックされる。

・祖父から孫名義の通帳への振込みだが、孫が出金した形跡がなく通帳や届出印は祖父が持ったまま⇒⇒名義預金として、祖父の預金と見られ、相続財産となる。
・生前の収入と比べ預金残高が少ないときは、同居外の相続人等から疑念を持たれ争族に発展の懸念もある→高額の買い物等の領収書・契約書等の保存が必要。
★税務署も同様の眼でチェックしているのでご留意。

死亡直前に出金した預金の扱い
・〈そろそろ…〉のとき、預金から葬式代等の準備で@50万円を複数回出金の例が多く、相続発生時の預金残高は寸前の出金額だけ減少。
・このときは、寸前引出し額を「手持ち現金」に計上し、一方で葬式費用や入院費用支払い額は「債務控除」の対象になる。

(2) 不動産

市役所で名寄帳（なよせちょう）や固定資産税の明細書を、法務局で登記事項証明書を入手し、全体像をつかんでいく。

a. 故人所有不動産の個々の明細がわからない。
⇒市役所からの固定資産税通知書が見当たらないとき等は、市役所で相続人である旨を証明したうえで、課税通知書を発行してもらう。
⇒「バブル期に別荘予定地を買っていたはず」等のとき、心当たりの市町村に照会をかけることになる。

b. 住宅ローンはとっくに完済したのに、抵当権登記がついたまま。
（完済時に銀行から抵当権抹消の必要書類が届いていたはず）
⇒この書類を探し（紛失なら銀行に再発行依頼）必ず**抵当権抹消の登記**を。

c. 隣地との境界に「境界標」がなく、不明確な状態。
⇒隣地の地主立会いで測量し、両者の境界にコンクリート杭等の境界標を設置し、正確な面積と境界を確定させ、法務局の図面にも反映させる。

d. 登記名義人が先（々）代の名義のままになっているとき。
⇒先々代まで遡って戸籍謄本類を集め、先々代と先代それぞれの相続発生時点の法定相続人を確定させる。結婚・転籍があれば、その戸籍謄本も。〈先（々）代より先に子が死亡なら、代襲相続人は誰と誰かを確定させる〉

⇒先々代・先代それぞれの相続人（現時点生存の代襲相続人）間で遺産分割協議書を作成し、亡父名義にする。⇒やっと今回の相続登記の入り口。

★司法書士等に依頼して、数代にも遡って戸籍を調べるときは、**その費用だけで100万円超**にもなるケースもある由。

e. 親が共有で相続した土地があるとき、共有解消に向けた行動を。

⇒共有者と金銭のやり取りになろうが、何としても解決しておきたい。

f. 借地や小作地があるとき、借地権や小作権を相続財産として計上。

⇒小作地のときは、まず農業委員会で農家台帳等の確認が必要。

g.『自宅購入時に父の援助を受け、不動産登記は自分と父の共有のとき』

⇒このままなら父の共有持分も遺産分割の対象になるが、現時点でスッキリさせておきたいときは、下記いずれかの対応になる。

①父に遺言書で「子Ａに相続させる」と書いておいてもらう。

②今時点で持分の贈与を受ける。（相続時精算課税方式の利用も検討）

(3) 上場株式・投資信託等

㈱証券保管振替機構（東京）に「登録済加入者情報開示請求書」を郵送で照会する。過去に転居歴があるときは、それぞれの住所地も記載しておく。取引歴のある証券会社名の回答があり、ここに残高証明書等の請求を行う。

※証券口座にはマイナンバーが2021年中に紐づけ記載されており、今後はこれを活用した検索方法が整備されるものと思われる。

✤逆に言えば、**税務調査では筒抜け！**

・税務調査では、親族名義でも原資や売買指示等の管理状況や収益の使途等から、被相続人の財産として是正させられるケースもある。

(4) 貸金庫の中身

銀行の貸金庫の中身の確認には、相続人全員の同意が必要。

・遺言書で遺言執行者を定め、貸金庫の開扉権限の記載があれば、遺言執行者が貸金庫を開けて中身の確認ができる。
※貸金庫の開扉時に公証人を同行して中身の確認→事実実験公正証書を作成して後日の証拠とする方法もある。（公証人への手数料が必要）
★銀行は貸金庫室の入退出時間を正確に自動記録。細工してもバレる！

(5) 生命保険金

保険契約の有無が不明のときは、一般社団法人生命保険協会（東京都）に戸籍謄本類や死亡診断書等を添えて照会すると、契約のある保険会社を教えてくれる。契約内容の詳細は改めて各会社への照会が必要になる。

なお生命保険金は、下記のケースごとに税務の扱いに差異がある。

生命保険契約の税務

<table>
<tr><th colspan="2">保険契約者
（保険料支払い）</th><th>被保険者</th><th>保険金の
受取人</th><th>理　由</th><th>税　務</th></tr>
<tr><td>a</td><td rowspan="3">夫</td><td rowspan="3">夫</td><td>妻</td><td>夫の死亡</td><td>妻に相続税</td></tr>
<tr><td>b</td><td>夫</td><td>満期</td><td>夫に一時所得</td></tr>
<tr><td>c</td><td>妻</td><td>満期</td><td>妻に贈与税</td></tr>
<tr><td>d</td><td>妻</td><td>夫</td><td>妻</td><td>夫の死亡</td><td>妻に一時所得</td></tr>
<tr><td>メリット</td><td colspan="5">1. 納税資金の準備財源として。
2. 死亡保険金（上記 a）には相続人@ 500 万円の非課税枠。
3. 遺産分割を代償分割方式で行うときの財源として。
4. 相続放棄をしても、生命保険金の受取りは可能。</td></tr>
</table>

(6) 借入金・保証債務等　（相基通 14-3）

遺産分割協議で「銀行借入金は相続人 A が承継する」と決めても、銀行は他の法定相続人 B・C……に法定相続分に応じた返済を請求してくる。民法 §427 の規定で、遺産分割協議より民法の規定が優先するため。

（被相続人が他人や会社の借入金の保証人のときも、同様の責任）

借入金や保証債務の有無をシッカリ調べ、もし債務超過の懸念があるときは、相続発生から３か月内に家庭裁判所に相続放棄の手続きが必要。

なお相続税申告時には、保証債務は基本的には債務控除の対象外。

(7) 特別受益（生前贈与）と寄与分

遺産分割協議時の紛議で多いのが、特別受益と寄与分の論争。

相続時点の財産額だけでなく、それ以前の「あれ・これ」も検討材料に入れて、遺産分割協議を行うことになる。

相続人間で妥協点をさぐることになるが、不調なら家庭裁判所で決着をつけざるを得なくなる。

	特別受益（民法§903）	**寄与分**（民法§904の2）
目的	・共同相続人間の相続の取り分を単純な分数按分でなく、故人と各相続人との生前の財産の授受や蓄財への貢献度合い等を加味して、公平な分配になるように調整する。	
概要	・生前に特別の贈与を受けた相続人は、これを遺産の前渡しと見て、他の相続人との均衡を図る。	・故人の事業への貢献や、療養看護に特に尽力した等、他の相続人以上の貢献を行った人に対し、貢献度合いに応じた遺産の分配を図る。
具体例	・婚姻・養子縁組のための贈与 ・生計の資本の贈与（事業開始の開業資金・住宅購入援助資金・高額な学費の出資等） ・遺贈	・家業従事（故人が事業主の場合の労務提供） ・金銭出資（故人の債務の弁済や資金援助） ・療養看護や扶養（世間一般的な働きを超え、故人の財産流出が防止できたレベルの貢献）
計算方法	・（相続開始時の財産価額＋贈与・遺贈）を、相続財産とみなし、これに法定相続分 ⇒ここから贈与等の価額を控除	・（相続開始時の財産価額－寄与分価額）を、相続財産とみなし、これに法定相続分 ⇒ここに寄与分の価額を加算

期間制限	・相続から10年が経過すると、これらの権利主張が出来なくなる。(民法 §904の3)
留 意 点	・そちらこそ海外留学させてもらっていた。・親と同居で家賃相当額を利得している……等々 ・長年 食事の世話や病院に連れて行った。・旅行に何回も連れて行った。・お墓の世話もした… ★互いの主張が次々に。しかし裁判では世間の感覚より厳しい判定が多い由。
補　足	・民法 §1050「特別の寄与」は、法定相続人以外の親族（例　長男の妻）のための権利であり、民法 §904の2の寄与分とは別物。

第3節　相続の承認・放棄等

財産債務の承継方法には下記3つの選択肢があり、財産や債務の全体がどのような状態かに応じ、また他の法定相続人の意向も踏まえ、下記3つの中から選択することになる。

債務超過の可能性があるときは、相続発生から3か月以内に家庭裁判所にbかcの申立て手続きが必要で、何もしないときはa単純承認となる。

<table>
<tr><th>種　類</th><th>誰　が</th><th>いつまでに</th><th>具体的な効果</th><th>民 法</th><th>2021年統計</th></tr>
<tr><td>a 単純承認</td><td>一人ひとり</td><td>期限なし（何もしないと承認となる）</td><td>プラス財産も負債も全て承継</td><td>§920～</td><td>（統計なし）</td></tr>
<tr><td>b 限定承認</td><td>相続人全員</td><td rowspan="2">相続の開始を知った日から3か月以内</td><td>プラス財産の範囲内で負債を承継</td><td>§922～</td><td>689件</td></tr>
<tr><td>c 相続放棄</td><td>一人ひとり</td><td>プラスもマイナスも一切承継しない</td><td>§938～</td><td>251,993件</td></tr>
<tr><td colspan="6">（統計は最高裁判所「司法統計年報概要版」等からの数字）
★b⇒不動産があれば売却して譲渡所得税の申告・納付が必要等の複雑さもあり、実例は少ない。</td></tr>
</table>

★b、cの3か月の熟慮期間は、相続財産の調査に長時間かかる見込み等の特殊事情があれば、事前に家庭裁判所に申し出て、延長も可能。
✤**「田舎の土地は相続放棄するが、預金は貰う」等のいいとこ取りは、できない！** 負動産が多く全てを相続放棄しても、民法 §940 で不動産の管理責任は残り、完全に責任を免れるには、別途の手続きと費用が必要になる。
※相続放棄は故人が債務超過の場合が多いが、“生前贈与を多く受けたので相続を放棄する”と、この手続きを取る人もある由。このときも法定相続人及びその順位に影響が及ぶ。
✤なお相続放棄をしても、下記財産は受け取ることができる。 ㋐生命保険金　㋑遺族年金　㋒未支給年金　㋓香典や葬祭費・埋葬料

✤配偶者や子が相続放棄すると、相続人は次順位の親（両親が既に死亡なら兄弟姉妹）が相続人に繰り上がり、被相続人の債務の返済を迫られる。相続放棄は親族への影響も考え、種々の事前検討が必要になる。

✤事実上の相続放棄：家庭裁判所への手続きを行わず、遺産分割協議書に署名・押印はするが遺産は何も貰わない対応は、法律上の相続放棄とはみなされず、債権者からの請求を拒めない。

★**相続放棄が認められないケース**　（『月刊税理』2021年7月号） （債権者が相続人に請求のため、相続放棄の取消しを求めたケース） a. 相続財産の重要な部分を占める和服・洋服・指輪等の持ち帰り。 b. 被相続人名義の預金の一部を出金して取り込み。 c. 被相続人名義の賃貸住宅の家賃振込口座を自分名義口座に変更。 d. 被相続人の所得税の準確定申告を行う。
・相続放棄の家庭裁判所への申立書（相続放棄申述書）には、財産や債務の詳細内容を書いたり裏付け資料を添付したりする必要はない。 ☞ P178 ・家庭裁判所発行の「相続放棄受理証明書」等も、単に「申立てを受け付けた」ことの証明文書であり、個々の債権者から上記a～d等の事実に基づいて異議が出てくれば、個々に裁判で決着をつけることになる。

第４節　気になる点があるとき

(1) 誰かが使い込み？

昔は出金票の筆跡で確認できたが、今の時代はこの手は使えない。使途不明金に関し、相続人間で「これは○○への遺産分割の前払い」との合意ができれば遺産分割協議の中で対処できる。(民法 §902 の 2)

しかし相続人間の話し合いで解決しないときは、遺産分割とは別に、不当利得返還請求または不法行為に基づく損害賠償請求の裁判になる。

使途不明金　出金時期は相続発生前か・後か、本人（被相続人）は承知していたか、本人のために使った可能性の有無等が論点。一筋縄ではいかぬ！

死人に口なし	金に色は付いていない
弁 護 士 委 任 で 裁 判	

記録をつけ、証拠を残すこと。

・親が死んでから「あれ、父の介護にものすごいお金と労力を使ってきた」と気づき、慌てて実費を請求しようと思っても間に合わない。親の面倒を見始めたなら、その瞬間からキチンと記録をつけよう。介護に必要なお金は本人の預金や年金から払わせる。肉親のことだからと言ってナアナアで済ませないほうがよい。そこをウヤムヤにするせいで、後で兄弟や親族と骨肉の争いになったら、最悪でないか。

（『相続地獄』森永卓郎 著：光文社新書）

(2) 相続人の一人が認知症のとき（認々相続）

・認知症の人は遺産分割協議等の法律行為はできず、成年後見制度の対象となり、成年後見人が本人の代理人として遺産分割協議に参加する。

　父の死亡で相続人が母と子供達のときで母が認知症状態なら、成年後見人の選任を家庭裁判所に申立てることが不可欠。(数か月かかる)

・家庭裁判所に医師の診断書等を添付して後見開始の審判の申立て。 ・成年後見人には弁護士等の専門職の選任例が多く、後見人が遺産分割協議に参加し署名押印する。法定相続分通りの主張が多い由。
※後見人の選任には数か月を要する・身内の選任は少ない・家族からの解任申し出は不可・毎月の報酬が発生する等のネック点もある。
✤元気なときに**遺言書を作成しておれば、後見人の手配は不要！**

(3) 一人が行方不明のとき

・遺産分割協議は相続人が何十人であっても、全員の合意が必要。所在不明者がいても“未分割”として10か月以内の申告・納付が必要。

・所在不明者の本籍地で戸籍の附表を入手→最後の住所地に郵便や訪問等で現況を把握し、それぞれのケースに応じた対応を取る。

・行方不明の期間が7年未満なら、家庭裁判所に不在者財産管理人の選任の申立てを行い、この財産管理人を交えて遺産分割協議を行う。

・不在者の生死が7年間明らかでない場合は、失踪宣告の申立てを行い、家庭裁判所の調査官の調査を経た後に失踪宣告がなされ、法律上 死亡したと見なされる。（民法 §30）

(4) 一人が海外居住のとき

・海外では印鑑証明書制度がないが、このときでも10か月以内の申告が必要。海外在住の相続人は大使館か領事館に出向き、署名証明書と在留証明書の入手が必要。（大使館・領事館は米国で18都市、中国は8都市）
※海外に相続人がいるときは、特に**早めの打合せと申告準備**が必要。

(5) 一人が未成年（18歳未満）のとき

通常は法定代理人（父母）が代理人として契約等を行うが、父の相続で母と子（18歳未満）が相続人のとき、母は、利益相反行為となるため子の代理人になれない。（民法 §826）

このときは家庭裁判所に特別代理人の選任を申立て、選任された特別代理人と遺産分割協議を行うことになる。選任申立て時には子の法定相続分を満たした遺産分割案の添付が必要。

・特別代理人の選任手続き等には、手間と時間がかかる。 ・法定申告期限で18歳に近い未成年の子がいて、争族の心配がないときは、申告期限には未分割で申告→その子が18歳＝成人に達したときに遺産分割協議を成立させ、税額の再計算を行う手もある。

(6) 子がいない夫婦で一方が亡くなったとき

・遺言書がないときは、義父母または義兄弟姉妹が法定相続人となるが、スムーズに行かないケースも多い。

義兄弟の中に物故者がおれば、その子（甥や姪）が代襲相続人となる。 ⇒ 会ったこともない相続人が出現する！

・このケースこそ、生前に下記のような遺言書の準備が不可欠。☞ P105の⑩

遺　　言　　書 **「私の全財産を妻□□（または夫○○）に相続させる。** 2022年4月8日 △△　㊞
✣法務局の遺言書の保管制度を利用すれば、後々の手間も省ける。

(7) 相続人が誰もいないとき　(民法§951～959)

このときは、利害関係人（家主・債権者・市役所等）が家庭裁判所に相続財産管理人の選任を申立て（申立て時に予納金20～100万円が必要)、この人が相続財産を管理しつつ、財産を競売等の方法で換価し債務の弁済に充てる。

相続人はいないが、故人と生計を一にしていた者や故人の療養看護に努めた等の**特別縁故者**から家庭裁判所に、残余財産の分与請求があったときは、家庭裁判所が分与の可否（可のときは金額）を決定する。分与が認められるハードルは厳しく、単に“親しい隣人である・遠い親戚である”等では認められない。

特別縁故者と認められ遺産（の一部）を受取った者は、相続人に準じて、相続税の申告と納税を行うことになる。（相法§4）

相続人や特別縁故者が不存在のとき（あっても分与額控除後に残額があるとき）は、その財産は国庫に入る。

✤相続人なしで国庫に入った遺産額（最高裁判所情報） 2018年627億円　2019年603億円　2020年600億円
・生涯独身者、少子高齢化（甥姪の減少）、遺言書なし等が背景か。 ・菩提寺・公共団体等に遺贈を検討中なら予め先方との打合せが必要。 ※現金の遺贈は歓迎だが、不動産はお断りのケースも多いため。

第5節　遺産分割協議

(1) 遺産分割の方法

預貯金は分割しやすいが、不動産等は複数人での共有は可能だが、将来に問題が発生しがち。相続人間で協議して決めることになる。

a. 現物分割	・「この土地はA・甲銀行預金はB・乙株式はC…」と財産一つごとに分割する方法で、各自にとり後々の処分がしやすい。
b. 換価分割	・土地・株式等を売却した上で、各相続人に金銭で分配する方法。 ・但し不動産や有価証券等の換価処分時に、譲渡益への所得税や住民税の課税が発生し各相続人に新たな税負担が発生する。
c. 代償分割	・「土地・株式・預金等の全てをAが取得し、代償金としてAはBに対し○○円・Cに対し○○円を支払う」旨の遺産分割協議をして、金銭の授受を行う。（Aに自分の預金等から、代償金を払える資力があることが前提）

	・代償として渡すのは金銭に限らず、当事者が納得すれば土地等でもよい。（不動産等を代償財産とするときは、渡す側に譲渡所得税が発生する） ・故人が生命保険契約（受取人はA）に入っており、Aは保険金の中から代償金を払う方法もある。但し保険金以外の遺産もシッカリ分割を受けていることが前提。（さもないと代償金を受取った方に贈与税！）
d. 共有分割	・相続財産を、各自の持分を決めて複数の相続人で共有にする。但し利用や将来の処分時には、共有者全員の合意が必要になる等の制約が生じる。 **★「とりあえず共有」は避けるべし！**　子や孫が困る。**〈共憂〉** ・固定資産税や維持修繕費等の費用分担の問題が噴出し、揉める！ ・自分の持ち分だけの売却は極めて困難。 ・孫の代では次々の相続で共有者の数は数倍に。全員合意は至難！

(2) 遺産分割協議のやり直し　(相基通19の2-8)

一旦 相続人全員が納得して遺産分割協議が成立した後に、再度遺産分割協議をやり直したとき、民法上は相続人全員が了解すれば再度の遺産分割協議は有効とされている。

但し税務上は相続人全員の合意でも、遺産分割のやり直しとはみなされず、新たな贈与として贈与税の課税対象になる。

(3) 「母の老後を看る」約束で多く分けたのに…

父の相続時の遺産分割協議時の約束不履行なら、分割協議のやり直しができるかにつき、「分割の再協議は不可」との判決（最高裁1989.2.9）。

再分割を許せば法的安定性を著しく害するとの理由。

母の立場を守る策として、㋐父が生前に「配偶者間・居住用財産の贈与特例」、または㋑遺産分割時に母は配偶者居住権と預金を取得する等の方法がある。

(4) 生命保険金は遺産分割の対象外

故人が契約者（= 保険料支払者）兼被保険者で、相続人が保険金受取人のとき、相続人が受取る生命保険金は民法上の遺産ではなく、相続人の固有財産となるため、他の相続人は「保険金を分割せよ」とは言えない。

但し相続税法ではみなし相続財産として相続税の対象になる。(相法 § 3)

また相続人一人当たり 500 万円が非課税扱いとなる。

第 6 節　調停と審判

(1) 遺産分割調停の概要

最高裁「令和 3 年度司法統計年報 3 家事編」より。「**遺産分割事件数**」

	(H7 年)	(R3 年)
年 間 の 数 字	1995 年	2021 年
死　亡　者　数	92.2 万人	144.0 万人
遺産分割調停件数	**8,165 件**	**13,447 件**

遺産の価額別分布 2021 年

1,000 万円以下	32.9%
～ 5,000 万円以下	43.8%
～ 1 億円以下	12.5%
1 億円超	10.8%

遺産額が大きいから争族になっているのではない！

★調停は、裁判官 1 名と 2 名の調停委員で構成される調停委員会で行われる。

調停期間 1 年以内に解決したのは 52.8% で、調停回数は 5 回までが 6 割強。

★**提出書類**：①遺産分割調停申立書（当事者目録・財産目録・連絡先届出書）　②事情説明書　③進行に関する照会〈回答書〉

☆遺産分割調停で遠方の当事者等には、テレビ会議システムの利用もある由。

留意点	a.「遺産を相続人間でどう分けるか」がテーマゆえ、相続人間の感情の対立の糸ほぐし等は、調停の対象外
	b. 多額の使途不明金があるとき等の究明は、別途の裁判が必要
	c. 調停に必要な資料は、各相続人が収集して家庭裁判所に提出する必要があり、裁判所は積極的な調査・探索はしてくれない。
	d. 申立てる家庭裁判所は、調停の相手方の住所地の裁判所 （調停不調で審判に移行時は、相続開始時地の家庭裁判所になる）

裁判所でのやり取りの現実と、テレビドラマは大違い

・ドラマでは、委任した弁護士が颯爽と論陣を張り、相手方を徹底的に、また裁判長が「相手の主張は認めがたい」と見事なお裁き。

・裁判では**具体的な証拠の有無**が全て。これがなければ精々が和解勧告

✤“自分は正しい・白馬の騎士が助けてくれる”のは、幻想！

・調停で解決した内の 70.6% は、**代償金を支払う** 旨の定めがなされている。

・「不動産は A、株式は B、預金は C……」等、個々に分割する方法以外に、『不動産と株式は A、預金は C、A は B に代償金として△△円を支払う』との代償分割（☞ P91）の方法もある。（A は自分の預金の中から B に支払う）

※双方が譲りあい妥協点を見つける ⇒ 円満解決の一つのポイント！

(2) 遺産分割調停の流れ　（出典：家庭裁判所 HP）

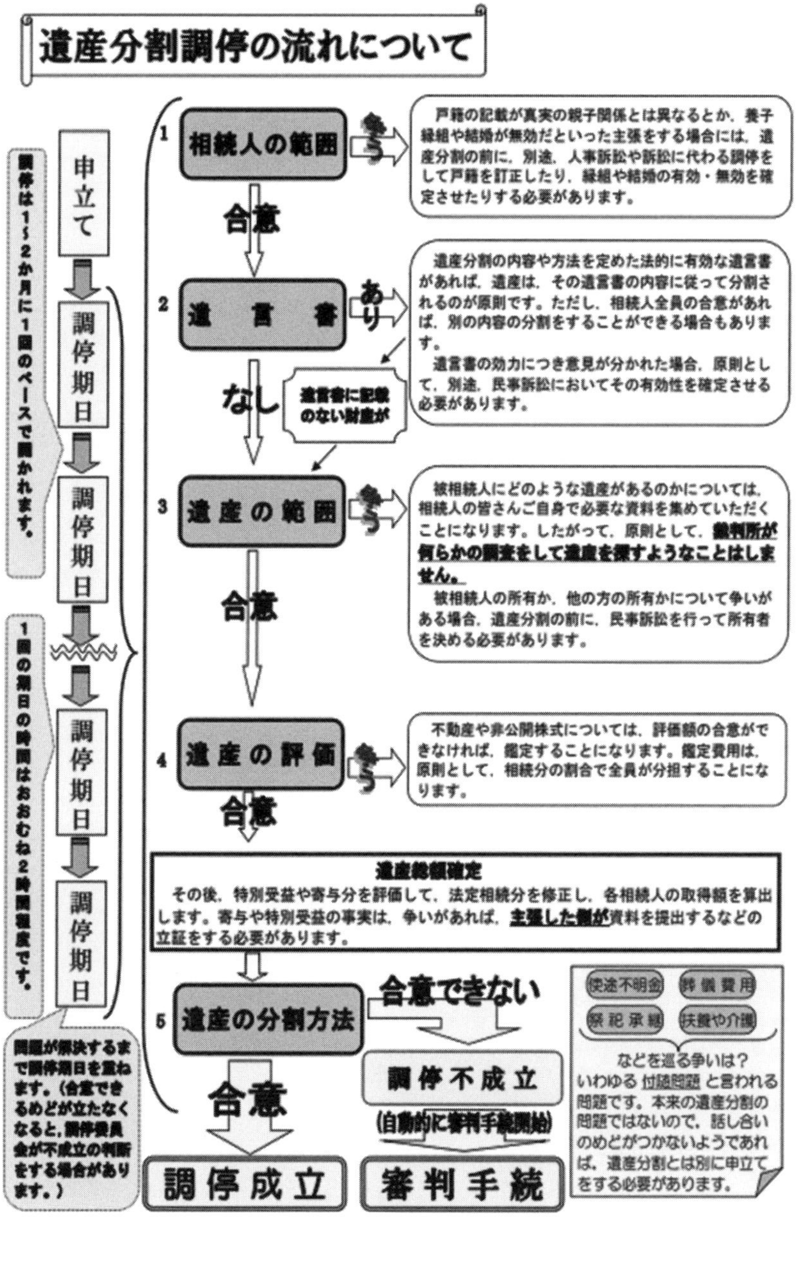

(3) 審判手続き

調停で決着しないときは、家庭裁判所の審判手続きに移行する。

	調　　停	審　　判
分割方法の決定	相続人全員の納得合意	裁判官（相続人の合意は不要）
結論に対する異議	異議の余地なし（合意済ゆえ）	2週間内に高等裁判所に上告
法定相続分通りでない分割方法	全員が合意すれば、法定相続分と異なる分割も可能	裁判官は、法定相続分を前提に結論（審判）を出す
寄与分や特別受益の主張があるとき	合意した寄与分・特別受益を反映した調停ができる	寄与分を定めるには、別途に審判の申立てが必要
管轄裁判所	調停の相手方の住所地管轄の家庭裁判所	被相続人の最後の住所地管轄の家庭裁判所
第三者の傍聴	いずれも第三者の傍聴は不可	

第７節　未分割状態のときの税務

未分割で預金が凍結状態であっても、10か月以内の相続税の申告と納税は待ったなしの義務であり例外はない。（相法 §55）

(1) 未分割で不利なこと

①下記の特例が使えず、ミスミス高い納税額になってしまう。

a. 配偶者の税額軽減特例　　b. 宅地評価時の小規模宅地特例
c. 農地の納税猶予特例　　d. 非上場株式等の納税猶予特例
※ a.b. は、「3年以内の分割見込書」を提出したときは救済の余地あり。

②納税資金に窮する。相続財産（預金）は凍結！

・未分割であっても、相続発生後 10 か月内の納税は、絶対条件。

・預金仮払い制度ができたが、一行当たり最高で 150 万円だけ。☞ P45

③物納申請・農地の納税猶予・事業承継税制等の申請ができない。

みすみす納税資金に窮する。

④せっかくの遺産の運用・活用が出来ず、朽ちていくばかり。

（例）遺産のアパート→この収入は誰が管理し、誰が修理を手配？

遺産の上場株式が値下がり傾向→売却したくても不可

⑤アパート経営中なら各人が所得税の申告・納税が必要

・遺産分割の完了までの期間の収支は、法定相続分の割合で各人に申告・納税の義務がある。（最高裁判決 2005.9.18）

⑥弁護士費用等は、債務控除できない。

・争族で弁護士に裁判対応を委任したときの弁護士報酬は、債務控除の対象外であり、完全に持出し。

（2）次善の策として

①各自が自分にわかる範囲で、まず期限内申告

通常は全員が一緒に申告書を提出するが、争族状態なら、各相続人が別々に、わかる範囲の数字で申告せざるを得ず、このときは無申告加算税は免除される。（相法 §27 ①、通則法 §65・66）

★相続人ごとのバラバラの数字の申告なので、税務調査は必至。

なお他の相続人の下記 2 つの数字は、税務署に情報開示請求を行うと、正確な金額を把握できる。（相法 §49）

a. 相続開始前 3 年内の受贈額　b. 相続時精算課税制度利用額

②「申告期限後 3 年以内の分割見込書」を①と同時に提出する。

・3 年内に遺産分割が成立時は、改めて上記（1）①の特例を適用して再計算し、当初税額より低くなるときは「更正の請求」の手続きを行い、還付を受ける。（国通法 §23）

③「未分割であることについてやむを得ない事情がある旨の承認申請書」

①の３年内でも決着しないときは、この書類を提出し解決時に特例を使える余地を残しておく。やむを得ない事情とは裁判継続中や相続人の中に行方不明者がいる場合等（相基通 19 の 2-15）

④なお遺産の一部分割を成立させることも検討

遺産の全部について一度に解決することが望ましいが、民法 §907 ①で「…いつでも、その協議で、遺産の全部又は一部の分割をすることができる」と明記されている。そこで遺産の一部だけの遺産分割協議を先行して成立させるのも一つの手。

・納税資金用の銀行預金だけの分割協議を先行させる。
・節税効果のある「小規模宅地特例土地」の分割協議を先行させる。

(3) 後日に分割協議が成立

小規模宅地特例や配偶者の税額軽減を適用して相続税額の計算をやり直し、当初の納税額との増減に応じて、下記の対応を行うことになる。

a. 当初の納税額が多すぎた相続人は、遺産分割協議の成立から４か月以内に「更正の請求」を行い、多すぎた税額の還付を受ける。（相法 §32）
b. 税額が増える相続人は、修正申告書を提出し差額を納付する。（相法 §31）

コラム

歴史に見る相続事情

①十六夜日記・阿仏尼（1280 年頃）

貴族の側室が、我が子と本妻の子との荘園（兵庫県三木市）の土地争いを巡り、京都から鎌倉幕府に談判に行く道中の旅日記。

②徒然草・兼好法師（1320 年頃）「身死して財残る事は智者のせざる処なり」

✤兼好は 1322 年に山城国にある「私領名田 1 町」を、銭 30 貫文で大徳寺に売却する売券（ばいけん）を書いており、現物が大徳寺に残っている。

③小林　一茶（俳人 1828 年没）　故郷信濃の土地を巡って義母・義弟と争族

江戸と信濃を何回も往復して協議を続け、13 年後にやっと分割協議が成立。

④お殿様の相続…………**徳川幕府のお墨付きが必須**

藩主死亡時は幕府に死亡届と同時に後継者の服喪届けを出し、数か月後に幕府から家督相続が許可された。幕府の許可前に後継者が死亡すれば改易や御家取り潰しとなり、世継ぎがいないときは改易。

⑤武士の相続は大変……**主君の許可が必要**

予め届けてある嫡子＝長子が家名と家禄を承継したが、家禄は先祖の功績で決まり、相続人の才能に関係なく基本的には何世代にもわたって同じ禄高。

⑥『武家と天皇　王権をめぐる相剋』（今谷 明 著・岩波新書）

最強の武家政権＝徳川幕府はなぜ天皇制を廃止しなかったのか？

⑦農民の相続……農業生産性にスライド

中世までは女子にも相続権があったが、新田開発の停滞→農地の細分化の弊害→度量のある者の総取りに移行→江戸時代には長子相続が定着。

江戸時代の年貢は、村全体でいくらの村請制で、割地（定期的に耕作地を交換）が行われ、農民には所有権や耕作権の意識は希薄だったと思われる。

⑧明治以降の法定相続分の変遷（夫婦・長男・長女の４人家族で夫が死亡時）

時　期	ポイント	妻	長男	長女	概　　要　　等
明 治〜	家督相続	**0**	100	**0**	財産価値の承継以上に、家制度の承継に重点
1947 年〜	新民法	**1/3**	1/3	1/3	配偶者の相続権の確立・子は均分相続
1981 年〜	妻の座確保	**1/2**	1/4	1/4	寄与分の新設・遺留分の見直しも。

✣その他の改正：① 非嫡出子の相続分 1/2 規定の廃止 2013 年　②配偶者居住権の創設 2020 年

⑨近未来の家族や相続事情は、アンビリーバボー

・生殖医療の発達（デザイナーベビーや冷凍精子）、家族法制の変化の兆し（同性婚・夫婦別姓）、離婚・一人親の増加、**認知症老人の増加**（預金凍結・後見人申請で家庭裁判所パンク）…………

・昭和の発想や手法では、到底間に合わぬ事態が頻発！

⑩『昭和天皇拝謁記』（初代宮内庁長官 田島道治・岩波書店）

・1949 年（S24 年）〜 1953 年の 5 年間の昭和天皇とのやり取りを宮内庁長官が克明に記録した文献。皇族の家長としての昭和天皇の思いや吉田首相等とのやり取りが生々しく綴られている。

・新聞等では余り報じられていない情報も多い。

第5章　遺言書

・遺言書に関する改正民法が2019年から施行され、使い勝手が良くなった。
・自筆遺言書を作成済の方でも、新方式の「遺言書の法務局保管制度」を利用して遺言書の見直し・再作成を検討されてはどうですか。
※家庭裁判所の検認手続きが不要になるだけでも、相続人は助かる！

第1節　遺言書作成の目的

(1) 遺言書作成時の心得

『妻にはA財産を、子にはB財産を、世話になった○○様にはC財産を』と、自分の財産の行く末を、自分の意思で文書に明確に残しておくのが遺言書。

a. 家族の今後の生活保障等のため、遺産の配分を決めておく。
b. 民法上の相続権はないが、世話になった人に遺産をあげたい。
c. 公共団体や公益法人等に寄付し、社会に還元したい。
d. 相続人の認知や廃除に関する意思表示をしておく。
e. 手続きがスムーズに運ぶように、遺言執行者を指名しておく。

・憲法 §29「財産権は、これを侵してはならない。」（私的所有権の保障）
・財産権処分の自由→契約の自由→自己財産の売買・贈与等の自由
・自分の死後の財産の扱いの指示⇒遺志⇒遺言書
・（遺言書なし）故人の思いを忖度して、相続人間で分配の協議。

遺言書作成の心得

①民法が定める書式のルールを守り、曖昧な表現は避ける。
②遺留分無視の内容は争族のもと。相続人それぞれの気持ちも考えて。
③“外の子の認知”や廃除等を遺言に書くときは、よくよく考えて。
④遺言執行人・予備的遺言・付言などの一工夫も加えて遺言書の作成。
✣家族円満で後顧の憂いがない方は、遺言は不要。家族に任せたら良い。
遺言内容は主だった家族とも話し合い、かつ専門家にも相談して作成を。

(2) 遺言書が特に必要なケース

下記ケースでは遺言書を作成し「誰に・何を・いくら」相続させるか(法定相続人以外のときは「遺贈する」)を明確にしておくことが必要。

①子供のいない夫婦

配偶者と故人の父母が(両親とも死亡なら兄弟姉妹が)相続人だが、義理の関係ゆえスムーズにいかないケースも多い。

②婚姻届けを出していない事実婚の夫婦等

③推定相続人中に、下記に該当の人がいるとき。

・音信不通や長年交流なしの人　・認知症(気味)

・障害者で応分の配慮が必要な人　・異母兄弟等

・生前贈与を多く渡した人

・介護等で大変な世話をしてもらった人

④相続人以外の人や市町村や菩提寺等に財産を残したいとき。

(3) 遺言書の種類と留意点

・遺言書の主な方式は下記3つで、他に秘密証書遺言等がある。(民法 §970～984)

種類	A 自筆証書遺言	B 遺言書の法務局保管	C 公正証書遺言
根拠	民法 §968	遺言書保管法	民法 §969
概要	・全文自書し、署名・押印 不動産・預貯金等の目録はコピー添付やパソコン作成も可（目録の各ページに自書・押印） 文字の訂正削除は厳格ルールあり。	・左記Aの自筆証書遺言を法務局が保管。（法務局は画像化して保管） ・必ず本人が法務局に行く。	・公証人役場に出向き、その面前で遺言内容を伝える。 ・身内以外の証人2人が必要（公証人が手配も） ・入院中のときは、公証人が出張してくれる。（別途費用が必要）
費用	無　料	1通3,900円	・財産の多寡に応じ（数万円～）
発見時	・家庭裁判所で検認の手続き ・検認済の証明書は約1か月後→この間名義変更等は不可	・検認手続き　不要 ・相続人は法務局で遺言書の有無・内容確認が可能	・検認手続き　不要 ・相続後は、全国の公証人役場で遺言書の有無・内容確認が可能
注意点	・記載の不備・不適切のリスク ・変造・偽造・隠蔽等のリスク ・見つけてもらえないリスク	・遺言書内容の指導なし。 ・他の相続人に法務局から遺言ありの連絡が行く。	・遺言書内容の指導あり。 ・相続発生後、全国の公証人役場で遺言書の有無の検索が可能
	・相続人間で多少なりとも紛議が予想されるとき、財産額が大きく慎重を期したいとき、法定相続人以外への遺贈があるとき等は、費用はかかるがC公正証書遺言がベター。		

遺言書作成時の留意点

①複数の遺言書が出てきたとき⇒最新日付分が優先

②作成した後に、財産内容や家族の状況等に大きな変化が発生⇒書き直すべし。

③遺言書の最後に付言の記載（遺言書を作成した動機や理由、遺族に託す希望等を書く）

④遺言者が「この財産は誰に…」と財産の分配を指示するのが遺言の基本。しかし配偶者と子には遺留分が保証されており、**いびつな遺言内容は争族のもと！**

⑤法定相続人以外の人に遺産を渡したいときは、「…を…に遺贈する」と記載する。

⑥「借入金はＡに引き継がす」と記載しても、他の相続人Ｂ・Ｃ等は免責されない。

負債は遺言書の記載には影響されず、法定相続分に応じて各相続人に承継される。

⑦遺言書に遺言執行者を記載しておくと、下記の業務がスムーズに処理できる。

（貸金庫の開扉・中身の確認、遺贈時の不動産登記、婚外子の子の認知等の手続きを行う等）

✤相続人も遺言執行者になれる。執行者は、各相続人に遺言内容の通知義務がある。

✤法定相続人以外の人に不動産を渡すときは「遺贈する」と書くが、遺言執行者がいないときに登記を行うには法定相続人全員の印鑑証明書付の同意書が必要。

⑧遺言書の最後に「上記外の財産は○○に相続させる」と追記しておくのが好都合。

後日に些細な遺産が出てきたとき、改めて全員で遺産分割協議をする手間を避ける。

⑨遺言では、次の次までは指図できない。〈遺言の限界〉
　私の死亡時にこの財産はＡに、Ａが死亡時にはＢに……の２段がまえの遺言は出来ない。
　もしこれをきっちりと仕組むなら、遺言ではなく家族信託の手法になる。
⑩夫婦が同一の用紙に連名で遺言書を書くと無効。各人別々に作成すべし。（民法 §975 共同遺言の禁止）
⑪「全ての財産は、子供３人に 1/3 ずつ相続させる」等の相続割合の記載は避けるべし。
　預金は 1/3 ずつに出来るが、株式や不動産等は「どれは誰が取るか」で、また揉める。

〈参考情報〉遺言書に関する各種の統計

	2019 年	2020 年	2021 年	数字の出典
①自筆遺言書家庭裁判所・検認件数	18,625	18,277	19,576	最高裁・司法統計
②　〃　　法務局保管制度の利用	–	20,849	17,002	法務省 HP
③公正証書遺言書作成件数	113,137	97,700	106,028	日本公証人連合会
④信託銀行の遺言書保管件数（累計）	149,693	159,719	171,668	（一社）信託協会

遺言書作成の割合

✤2017 年に法務局が全国規模で実施のアンケート調査の結果

	全体（7,659 人）	75 歳以上（1,414 人）
自筆証書遺言の作成	3.7%	6.4%
公正証書遺言の作成	3.1%	5.0%

✤遺言書制度が浸透せず、成り行き任せが習慣化！
　⇒この改善策として「**自筆遺言書の法務局保管制度**」の創設。☞ P107

第２節　遺言書関連の法律改正

(1) 自筆証書遺言書の方式緩和　(民法 §968：2019 年 1 月施行)

自筆証書遺言書の作成・修正・加筆は、厳格な手順に従う必要がある。

民法 §968（自筆証書遺言）

①自筆証書によって遺言をするには、遺言者が、その全文、日付及び氏名を自書し、これに印を押さなければならない。

②（今回新設の財産目録添付に関する条項）

③自筆証書（前項の目録を含む。）中の加除その他の変更は、遺言者がその場所を指示し、これを変更した旨を付記して特にこれに署名し、かつ、その変更の場所に印を押さなければ、その効力を生じない。

遺言書で書き間違いが多いのは、土地・建物・預貯金・株式等の財産目録の部分であり、今回下記の対応も可能になった。(民法 §968)

a. 財産目録をパソコンで作成し、そのシートを添付する。
b. 不動産の登記事項証明書や預貯金通帳のコピーを添付する。
　※財産目録の各ページに、署名・押印が必要

(2) 自筆遺言書の法務局保管制度

①制度の概要　(遺言書保管法：2020 年 7 月施行)

自筆遺言書を法務局に持参して手続きすれば保管してくれ、紛失・改ざん等の心配がなく、家庭裁判所での検認手続きも不要。

相続発生後は相続人の立場で法務局で遺言書の有無・内容を確認でき、他の相続人には法務局から「遺言書がある」旨の連絡が行われる。

なお遺言書の書式フォームは A4 の大きさに決まっている。なお預ける遺言書のコピーを取っておくことが必要。

②手続き要領

（出典：東京法務局 HP）

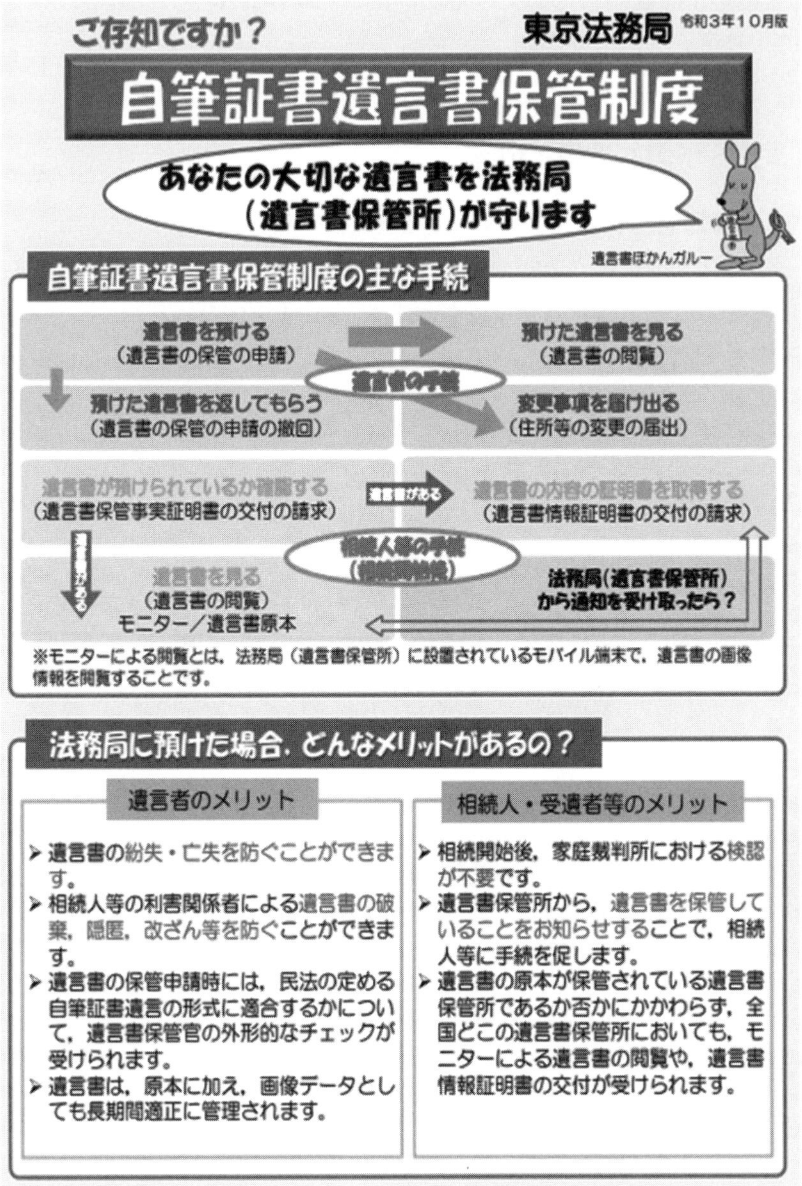

・なお法務局で作成手続きが完了すると、「保管証」が交付される。これをエンディングノート等と一緒に保管しておけば、相続人が法務局で「遺言書情報証明書」の交付を受け、これで預金や不動産の名義変更等の相続手続きが出来る。

第３節　予備的遺言と付言

(1) 予備的遺言と文例　（「補充遺言」とも言う）

遺言で財産をもらう予定の推定相続人が、遺言者より先に死亡してしまえば、この遺言書は無効になってしまう。（民法 §994）

そこで予備的遺言の文言（下記文例）を遺言に追加しておくと、財産は、親→（子）→孫に移り、心配事が一つ減る。

> 「○○に相続させる。但し○○が遺言者より早く死去のときはその法定相続人△△に相続させる」

(2) 付言（ふげん）と文例

相続人の中に生前贈与を多く行った者や、家業や介護のために尽力してくれた者がいるとき等は、財産の分け方に差異が生じる。

このとき、遺言の最後に今回の遺産の分け方に至った理由・背景や相続人への希望等を追記し、他の相続人に理解を求めるのが付言であり、相続人全員への最後のメッセージとも言える。

> 付　言　の　例
>
> a. 葬儀は家族だけの密葬にして下さい。また墓を守り法事などの祭祀を主催するのは長年同居している長男にお願いします。そのため長男には多めに財産を残すことにしたので、他の相続人は了解してください。

b. 私亡き後の財産については、その一部を長年お世話になった○○○に遺贈することにしました。私の気持ちを理解いただき、皆さんが仲良く暮らすよう希望します。また遺産の相続手続きがスムーズに行くように、遺言執行を□□□さんに頼みました。

c. △△は浪費癖が抜けず今後のことが心配です。今まで、失敗した事業への援助や借金返済など多額の資金援助をしてきたことを考慮し、配分を少なくしています。早く身を固め堅実な人生を歩むよう切に望みます。

d. Aには自宅新築時に応分の資金援助をしており、この点を考慮して他の相続人への分配を増やしているので、お互い納得してくれるよう希望します。

※相続人全員に納得してもらえるよう、意を尽くして丁寧に書くべし。

第4節　自筆証書遺言書が出てきたとき

(1) 封印された遺言書

遺言書に封印がある場合は、その遺言書を家庭裁判所に持ち込み、相続人の立会いのもとで開封しなければならない。(民法§1004)

封印のある遺言書を検認前に開封してしまうと、5万円以下の過料が科せられる。但し遺言書そのものが無効になるのではない。

(2) 家庭裁判所での検認手続き　☞ P174

自筆遺言書は家庭裁判所での検認手続きが必要。

(法務局保管制度利用の遺言書や公正証書遺言は、この手続きは不要)

a. 遺言書の保管人・発見者は、検認申立書・遺言書・戸籍謄本（被相続人・相続人全員分）等の書類を家庭裁判所に提出する。

b. 家庭裁判所は、相続人全員に検認期日の通知を行う。

c. 検認期日に相続人立会いで遺言書を開封し、遺言者の筆跡かどうかを相続人等に確認し、結果を検認調書に記載する。

d. 検認が終了した遺言書の末尾に「検認済証明書」が編綴され、申立人に返却され、これを添付して相続登記等を行う。

e. なお当日立ち会わなかった申立人・相続人・受遺者等には、家庭裁判所から、後日「検認済通知書」が郵送されてくる。

・検認手続きは、遺言書の形状を確認するだけで中身のチェックはしない。相続人の一部から、「被相続人の自筆ではない」との発言があれば、その旨を検認調書に追記。
✣「自筆ではない（なさそう）」との発言が記載された検認調書付の遺言書では、不動産登記や預貯金の名義変更はできず、遺言書の用をなさなくなってしまう。
・相続人全員が遺言書の内容に異議がないときでも、家庭裁判所の検認手続きが必要。 家庭裁判所への検認の申立ては、“遅滞なく行う”との規定ぶりであり、「△か月以内に…」的な制限はない。（民法 §1004 ①）

第５節　遺言書に関する各種ケース

(1) ある筈の遺言書が見つからない

①公証人役場に公正証書遺言の有無を問合せる。

・公正証書遺言はネットで繋がり、どこで作成したかが判る。 ⇒相続人である旨を証明して、遺言書の有無及び謄本の入手が可能。

②自筆遺言・法務局保管制度の利用の有無を法務局で確認する。

・全国どこの法務局ででも、相続人であることを証明して遺言書の有無、あれば遺言書の謄本を入手できる。

③どうしても見つからないときは、打つ手はない！　なお遺言書の隠匿・破棄した相続人は、相続人の資格を剥奪される。（民法 §891）

(2) 遺言と異なる遺産分割が可能か　（民法 §986・1013）

遺言執行者が付いておらず、また被相続人が遺言で遺産分割を禁じていないときは、相続人全員が同意すれば遺言の内容と異なる遺産分割をすることができる。遺言執行者が付いているときはこの人の同意が必要。

(3) 遺言書作成当時、父は認知症……

遺言の作成当時に遺言能力（遺言の具体的な内容やその結果を理解するのに必要な判断力）に疑義がある場合や遺言書の方式が法定の要件を満たしていない場合は、遺言無効確認訴訟を地方裁判所に提起する等の対応になる。

なお遺言能力＝認知力測定は、長谷川式簡易知能評価スケールや看護・入院記録等に基づき裁判の場で判断されることになる。

遺言書を偽造した相続人は相続権を失うが、この手続きのためには相続権不存在確認請求訴訟が必要→弁護士への相談案件となる。

(4) 遺言書は「△銀行・普通預金・残高 250 万円を長男に」

相続日現在の残高が㋐ 350 万円だった。逆に㋑ 100 万円だったら…

㋐⇒ 250 万円のみの取得で差額は未分割扱い。㋑⇒ 100 万円のみ取得

トラブルを避けるため、預貯金は「金融機関名と支店名・預金種別・口座番号」のみ記載し、残高は書かないのが実務の知恵。

遺言書作成時の注意点……あいまいで漠然とした記載はトラブルのもと！

不　適　切	正しい記載内容
①単に「家は妻に相続させる」	土地：○市○町△丁目△番　宅地…㎡ ………登記内容通り正確に！ 建物：　〃　〃△番地・家屋番号□□・木造瓦葺平屋建・居宅……㎡
②家業の工場は長男に任せる。（管理を頼むの？　所有権は？）	①同様に　不動産は登記内容通りに正確に記載………法律用語で！ 「機械類：…市…所在の機械装置一式を○○に相続させる」
③預金や株式は、長男と次男で半分ずつを目安に分けること	△銀行□支店・普通預金・口座番号…はAに相続させる。甲会社・株式1,000株はAに、乙会社・株式2,000株はBに相続させる。具体的に記載する。
④遺産を1/3ずつ妻・長男・次男に相続させる。	現預金なら1/3ずつに分割できるが、不動産や家財等は「1/3ずつの共有」の極論しか出てこず、誰も喜ばずトラブルの原因になりかねない。個々の財産ごとに、誰が・何を・いくら取得するかを明確に書く。

(5) 遺言書作成後に大きな変化が発生

「預金は妻に・駐車場敷地は長男に」の父の遺言書が出てきたが、父が生前にこの不動産を売却済のとき、長男の取り分はどうなるのか……。

父の生前の売却行為を今更逆転させる理屈はないため、長男は遺留分の主張等の策しかなく、争族の火種になりかねない。

財産や家族の状況に大きな変化が生じたときは、遺言書の再作成が必要であり、複数の遺言書が出てきたときは、最新日付の遺言書が有効となる。（民法 §1023）

コラム

辞世の言葉

・**在原　業平**（平安前期）

✤ つひにゆく道とはかねて聞きしかど昨日今日とは思はざりしを

・**西行法師**（平安後期）

✤ 願はくは花のもとにて春死なむその如月の望月のころ

・**アルフレッド・ノーベル**（スウェーデン・1896年没　享年63歳）

✤ 換金可能な私の財産は、人類のために最大限貢献した人に賞の形で分配しなければならない。5等分され、物理学・化学・生理学医学・文学・平和賞。

・**織田　信長**（1582年没　享年48歳）

✤ 人間50年下天のうちをくらぶれば夢幻のごとくなり
　　一度生を受け滅せぬもののあるべきか（敦盛）

・**豊臣　秀吉**（1598年没　享年61歳）

✤ 露と落ち露と消えにし我が身かな浪速のことは夢のまた夢

・**徳川　家康**（1616年没　享年73歳）

✤ 先に行くあとに残るも同じこと連れていけぬを別れとぞ思う
　　〔織田がつき羽柴がこねし天下餅座して食らふは徳川〕

・**松尾　芭蕉**（1694年没　享年50歳）

✤ 旅に病んで夢は枯野を駆け回る

・**後藤　新平**（1929年没　享年71歳）満鉄初代総裁

✤財を残すは下、事業を残すは中、人を残すは上

・**大田　実　海軍司令官**（1945年6月6日　沖縄）

✤…沖縄県民斯ク戦ヘリ　県民ニ対シ後世特別ノ御高配ヲ賜ランコトヲ

・**円谷　幸吉**（1968年没　享年27歳。1964年東京オリンピック・マラソン銅メダル）

✤「幸吉は、もうすっかり疲れ切ってしまって、走れません」

・**日航123便・御巣鷹山墜落事故**（1985年8月12日）

✤「まち子　子供よろしく　大阪みのお　谷口6:30」（谷口氏40歳）

✤「……きのうみんなと食事をしたのは最後とは……本当に今迄は幸せな人生だったと感謝している」（河口氏52歳）

・**石原　慎太郎**（2022年2月1日没　享年89歳）

✤葬式不要、戒名不要。我が骨は必ず海に散らせ。

・**関本　剛**（2022年4月19日没　享年45歳）

✤（緩和ケア医師で、生前に「お別れ」の録画撮影。ネットで閲覧可能）

第６章　相続税の計算と申告

第１節　相続税申告のスケジュール

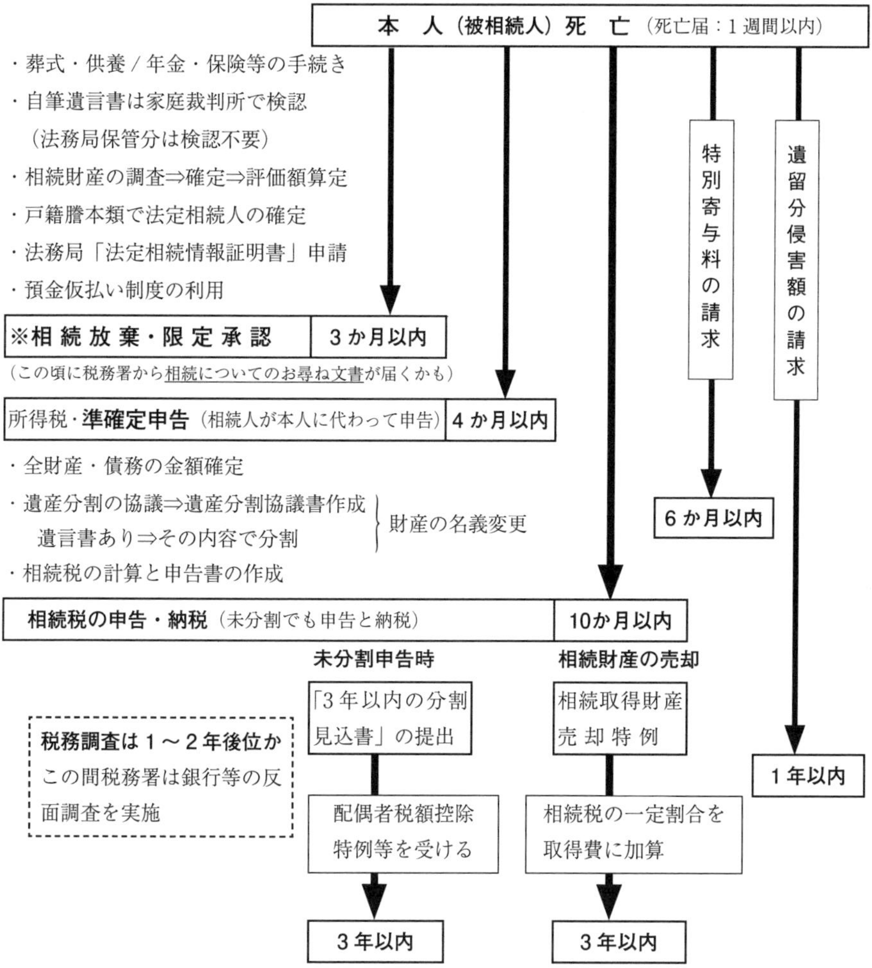

第2節　相続税申告のチェックシート

（大谷事務所で使用中の書式）

1．被相続人様　（□出生～現在の戸籍謄本類　□住民票の除票　□過去の所得税申告書等）

①相続発生日	年　月　日	申告と納税は10か月以内
②死亡原因		
③何のお仕事でしたか。		4か月以内に準確定申告が必要
④遺　言　書	有・無	□自筆遺言　□法務局預け　□公正証書
⑤10年内に先代の相続税申告	有・無	相次相続控除の検討 / その時の相続税申告書
⑥戸籍謄本類	有・無	法務局に 法定相続情報証明書の申請
⑦年金の源泉徴収票等	有・無	企業年金・生保の年金等の資料

2．相　続　人　様　（□戸籍謄本　□住民票　□印鑑証明書）

①氏名・生年月日・続柄等	別紙に記載	
②過去3年以内の贈与の有無	有・無	法定相続人への3年以内の贈与は加算
③相続時精算課税制度等の利用	有・無	各特例ごとに相続税計算に加算の有無検討
④未成年者や障がい者等の方	有・無	税額控除の計算
⑤相続放棄予定の相続人	有・無	3か月以内に家庭裁判所に手続き
⑥連絡が取りづらい相続人	有・無	早急に連絡ルートの確認
⑦配偶者自身の財産の概要	別紙に記載	二次相続時の税額シミュレーションが必要

3．不　動　産　（□市役所の固定資産税の課税通知書　□不動産登記事項証明書　□名寄せ帳）

①不動産の分割予定案	別紙に記載	小規模宅地特例の適用の検討が必要
②賃貸中の不動産の有無	有・無	賃貸契約書・青色決算書を見せて下さい。
③他の市町村での不動産	有・無	漏れると、後々税務上も登記上も問題
④借地や小作地がありますか。	有・無	借地権等の計上が必要
⑤親族と共有や先代名義の不動産	有・無	今回を機に交通整理が必要
⑥未登記の建物や持出し私道	有・無	市役所（名寄せ帳）・法務局（地図）の確認
⑦10年以内の不動産売却歴	有・無	税務署は記録を保有→資金の動きを注視。

4．現　預　金　（□銀行・郵便局の残高証明書　□普通預金通帳・過去5年分）

①相続直前に出金した預金	有・無	手持ち現金として申告が必要
②名義は身内・実質は被相続人の預金	有・無	資金の出所・日常の管理・出金パターン等
③外国の銀行等の預金等	有・無	死亡日現在の残高証明書の手配を早めに。

※ネット時代⇒銀行等の預金は親族名義も含め、税務署はチェック体制を取っている。
配偶者等の預金通帳等も見せて下さい。

5．有　価　証　券　（□証券会社の預かり証明書　□特定□座年間取引報告書）

①株式等の取引の有無	有・無	証券会社の預かり証明書が必要
②国債・投資信託・外国債等	有・無	農協・関連会社等への出資金も計上
③(会社経営者一族) 自社株式	有・無	過去3期の決算書・税務申告書等が必要
④事業承継税制の適用申請	有・無	自社株の相続時の納税猶予の生前対策
⑤名義は身内・実質は被相続人の株式	有・無	これも相続財産に計上

6．生　命　保　険　金　等　（□生保の支払い証明書　□保険証書）

①死亡保険金	有・無	相続人@500万円の非課税枠あり。
②満期金ありの建物更生共済	有・無	解約返戻金相当額で財産計上
③死亡退職金	有・無	相続人@500万円の非課税枠あり。
④小規模企業共済	有・無	退職金扱いになる。

7．家財やその他の財産　（事業主の方は□青色申告決算書）

①自動車や宝石・絵画、貸付金	有・無	マイカーは中古車相場価格で計上
②(個人事業主)事業用の資産と負債	有・無	償却資産・売掛金・買掛金・借入金等の計上
③準確定申告での還付金等	有・無	医療費控除等も行い、所得税の準確定申告

8．借入金や未払金等　（□根拠資料の請求書・領収書等）

①銀行等からの借入金	有・無	債務控除（団信付き住宅ローンは対象外）
②親族・他人に対する貸付金	有・無	関係する資料　見せて下さい。
③固定資産税や住民税等の未払い	有・無	関係する資料　見せて下さい。
④相続後に支払った入院費用等	有・無	領収書等　見せて下さい。
⑤葬式に関する費用	有・無	葬儀社費用・戒名料等（香典返しは不可）

a. 相続税は10か月以内の現金払いが絶対条件。（物納・延納は条件が厳しい。）
・納税資金の準備期間も見込んで、遺産分割協議をスムーズに進めることが必要。
・相続人間で紛糾し遺産分割協議が成立せず、預金の引出しができないときでも、
10か月内の現金納付が絶対条件

b.「隠そう・かくそう……」とせず、申告するべきものはキッチリと申告する。
その上で各種の特例をフルに使い、節税を図るのが筋。（ネット社会⇒隠し通せない！）

c. なお二次相続の税額シミュレーションもして、今回の遺産分割協議を行う必要がある。
配偶者の税額軽減特例をどう使うかは、二次相続も考えたうえで判断。
d. 不動産の相続登記、2024 年 4 月以降は 3 年内の登記が義務化→違反には 10 万円の過料。
遺産分割がまとまり次第、司法書士に依頼して相続登記を行う。☞ P50

第 3 節　相続税計算の概要

(1) 基礎数字の把握

A. プラス財産		
・現預金（**名義預金も**）		名義預金や相続寸前の出金も計上。外貨預金や国外で保有の資産も。
・土　地		市街化区域：路線価方式で評価 市街化調整区域：倍率方式で評価
・建　物		建物評価：固定資産税評価額で計上
・株式・投資信託等		
・自社株式（会社経営者）		
・車・高価 な家財　等々		
・生命保険金・死亡退職金		
・**贈与を受けた財産の加算**		①相続人の 3 年以内の受贈額（110 万円未満の贈与も加算） ②相続時精算課税の利用額（何年前の受贈分でも加算）
B. 債務・葬式費用		借入金・未払金・葬式代等
C. 純財産（A－B）		
D. 基礎控除		3 千万円＋相続人数× 6 百万円
E. 課税価格（C－D）		・E が 0 以下なら申告不要 ※小規模宅地特例を適用して 0 のときは、申告が必要。
F. 一族全体の相続税額		
G. 各自の税額	**配偶者**	分割協議成立⇒配偶者税額軽減特例可能
	子 A	F の税額を、各自の取得財産額の割合に応じて按分計算
甥や姪、孫養子が相続人 ⇒通常税額の 2 割増し	子 B C…	未分割でも **10 か月内の申告と納税が絶対条件**

(2) 相続税申告時の留意点

①押さえておくべき重要項目

所得税等では“利益の金額”がわかれば概算の税額を計算できるが、相続税では遺産額だけでは税額の計算はできず、下記の情報が不可欠。

a. 法定相続人は何人か。☞ P79

基礎控除額等の算出に法定相続人の確定が必要で、もしこの人が死亡しておれば、この人の相続権を引継ぐ代襲相続人を探しだす必要がある。

b. 申告期限内に遺産分割協議が成立するか。

遺産分割協議が不成立なら、節税効果の大きい下記Ｃの特例が使えず、多額の相続税額を 10 か月以内に納付しなければならない。

c. 節税効果の大きい下記２つの特例が適用できるか。

㋐小規模宅地特例　　㋑配偶者の税額軽減特例

誰が、どの特例を使うのが得策か。　ここを良く検討すべし。

・「今回の相続ではこの選択、二次相続（配偶者の相続）ではこうする」等、一族の将来も見据えた相続（税）対策の検討が必要。

a. 今回は、自宅は同居する長男が取得して㋐特例を使い、母は上記㋑特例を使い、**または、家族や不動産の利用状況に応じて、下記の選択肢もある。**

b. 自宅の土地建物は同居の兄が取得し㋐特例、母は自宅に配偶者居住権と預金を多く取得。☞ P46。店舗の不動産類は父と一緒に商売をしていた二男が取得し㋐特例を使う。

※二次相続のシミュレーションも必要！

②小規模宅地特例　（措法 §69の4）

〈特例の概要〉

生活の基盤である居住用や事業用の土地への課税が厳しいと、生活や事業が成り立たなくなる懸念があることを考慮した制度。

・**特例対象**（下記の3種類）

A. 特定居住用宅地（限度面積330㎡・減額割合80%）

被相続人または同一生計の親族の居住用の土地を配偶者・同居親族が、または「家なき子（借家住いの相続人）」が一人住まいだった親の自宅を相続取得取得。

B. 特定事業用宅地及び特定同族会社事業用宅地等（限度面積400㎡・減額割合80%）

被相続人または同一生計の親族の事業用の宅地や、同族会社の事業に供用の宅地を、事業を承継した相続人が相続で取得。

C. 貸付事業用の宅地（限度面積200㎡・減額割合50%）

被相続人の不動産貸付業や貸駐車場の土地を、貸付業を承継した相続人が相続で取得。

条件が多く、かつ厳格⇒申告及びその後も十分に注意を！

★利用できる相続人・同一生計の定義・事業供用年数等の細部にも条件があり、かつ条件変更もよくあるので、本特例の適用に際しては慎重な検討が必要。

（例）A：相続後、相続税申告期限まで、継続して居住し保有していることが条件。

親と同居⇒共有建物か区分所有登記の建物か。
親が高齢者施設に移っているとき。
} **個別検討が必要**

B：相続開始前3年以内に新たに事業に供用された宅地は適用の対象外。（一部例外もある）

〈留 意 点〉

a. 適用できる土地の面積の上限　（措法69の4）

・左記ABCの3つの土地の内の1つを選択⇒各限度面積内の適用が可能
・　〃　AとBの2種類を選択⇒Aは330㎡内・Bは400㎡以内の併用適用が可能
・　〃　A・B・Cの3種類を選択⇒下記算式に収まる面積以内の適用が可能

$$A\times\frac{200}{330}+B\times\frac{200}{400}+C\leqq 200\text{m}^2$$

b. 遺産分割協議の成立と、特例適用に関する他の相続人の同意が必要

c. 具体的な事例で小規模宅地特例の適用の可否を見たとき

庶民に大いに関係する居住用宅地を例に取り、各種ケースごとの適用の可否や適用可能面積は下記の通り。

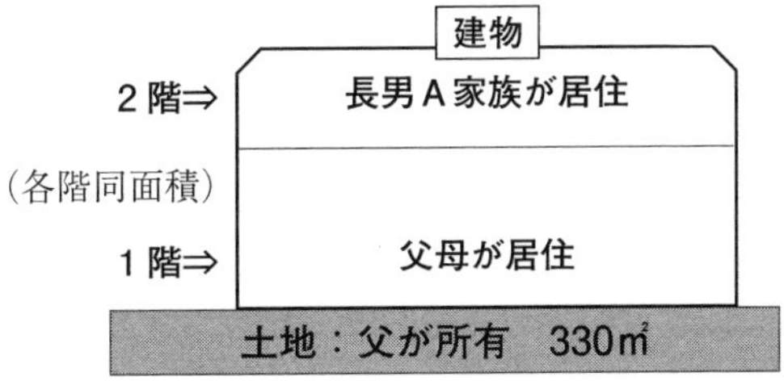

建物の所有者		土地の相続取得	特例の適用面積	備考
i	父	A	○　330㎡	母がこの土地を取得するときは、i～iiiのいずれでも特例の適用は可能
ii	父とAの共有	〃	○　330㎡	
iii	区分登記 1階父・2階A	〃	○　165㎡	

・父の高齢者施設入所後に、この家に入居してきた子はこの特例の適用は不可。

✤ 小規模宅地特例の節税効果は抜群だが、適用条件が厳しく、また条件がよく変更になるので、具体的に適用を考える際は改めて精査が必要。

③ 配偶者に対する相続税額軽減の特例　（相法 §19の2）

配偶者の一方の相続時に、この特例を使えば大きな節税になる。

配偶者の税額軽減特例　（相法 §19の2） 下記いずれか多い金額に対応した相続税額の控除が受けられる。 a　法定相続分に対応した遺産額　　　　b　1.6億円 ※夫婦での財産形成の相互寄与や生存配偶者の今後の生活保障を考慮。
✤次の相続（**二次相続**）では相続人が一人減少し、配偶者控除は不適用になるため、相続税額が膨らんでしまう可能性もある。 ✤生存配偶者の余命年数や固有財産の大小等にもよるが、二次相続時の税額予測も行った上で、今回の遺産分割協議を行う必要がある。
★税務調査で申告漏れが発覚→配偶者の意図的な隠蔽工作と判定されると、この部分には税額軽減の特例は適用不可。（相法 §19の2⑤）

(3) 財産評価のポイント

①基財産評価の基本ルール

相続税法　§22

・相続、遺贈又は贈与により取得した財産の価額は、当該財産の取得の時における時価により、当該財産の価額から控除すべき債務の金額は、その時の現況による。

財産評価基本通達（第1章：総則）

・**時価の意義**　財産の価額は時価によるものとし、時価とは課税時期において、それが通常成立すると認められる価額をいい、その価額は、この通達の定めによって評価した価額による。

・**財産の評価**　財産の評価に当たっては、財産の価額に影響を及ぼすべき全ての事情を考慮する。

・**特例的評価**　通達の定めによって評価することが著しく不適当と認められる財産の価額は、国税庁長官の指示を受けて評価する。（総則第6項）タワーマンション事例など。☞ P140

✣以下に項目別に評価の手法が細かく定められている。

a. 土地　b. 家屋や構築物　c. 動産や無体財産権　d. 株式・出資　等々

✣<u>土地</u>（規模格差補正率・不整形地等）や<u>非上場株式</u>（類似業種比準方式等）の評価は、それぞれ個別の事情があり当局と見解の相違が生じがち。☞ P124・126

② 土地の評価

a. 市街化地域の土地の評価

※路線価・公示地価等の類似用語の差異

（経済学では「1物1価」が原則だが、土地の場合は下記の様に「1物4価」の現象）

	A. 路 線 価	B. 公示地価	C. 基準地価	D. 固定資産税評価額
調査主体	国税庁	国交省	都道府県	市町村
調査地点	33万か所	2.6万か所	2万強か所	1筆ごと
調査時点	1月1日・発表は7月	1月1日	7月1日	1月1日
目　　的	相続税・贈与税の財産額の評価	土地取引の目安		固定資産税の算定根拠

一つの目安	80 ⬅	時価に近似 **100** ➡	70

・市街化地域の土地は、道路ごとに設定された1㎡当たりの路線価（上記A）を出発点とし、これに各種補正率を加味して評価するが、大変な作業。

a. 2方（3方）路線の加算、セットバックは減額
b. 奥行きや間口の状態に応じて減額、無道路地も減額
c. いびつな形状は、不整形地として減額
d. 1,000㎡以上の土地は規模格差補正率の適用　等々

→ それぞれ詳細な**調整率表**あり。☞ P190・191

・現場で形状や接道状況の確認・簡易測量→市役所や法務局で各種図面の確認

市役所：開発や建築の指導課・道路課・都市計画課等で公的規制の有無の確認等

税務署資料「相続税の申告のしかた」冊子より抜粋

【路線価方式】

路線価が定められている地域の評価方法です。路線価とは、路線（道路）に面する標準的な宅地の１平方メートル当たりの価額のことで、「路線価図」で確認することができます。

宅地の価額は、原則として、路線価をその宅地の形状等に応じた調整率で補正した後、その宅地の面積を掛けて計算します。

（注）　調整率には、「奥行価格補正率」、「側方路線影響加算率」などがあります。具体的な数値については、国税庁ホームページ【https://www.nta.go.jp】に掲載している「土地及び土地の上に存する権利の評価についての調整率表」をご確認ください。

路線価図（抜粋）

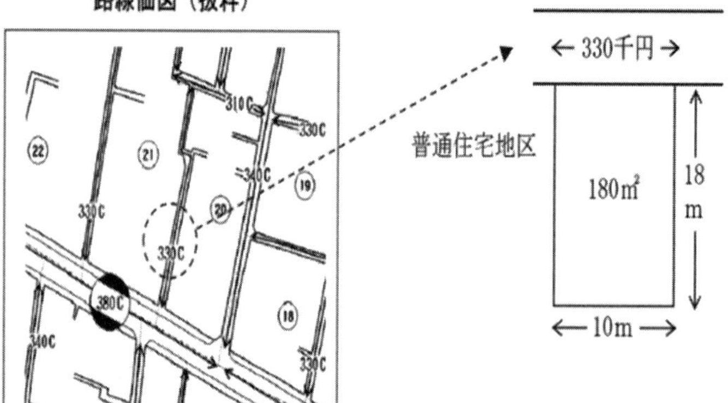

（路線価）		（奥行価格補正率）		（面積）		（評価額）
330千円	×	1.00	×	180㎡	＝	5,940万円

b. 地積規模の大きな宅地の評価　（評基通 20-2 等）

広い土地はマンションや大型店舗等の用地には適するが、住宅地としては進入路等の設置費用が必要なため、取引単価は低くなる。これを考慮した評価の計算式が規模格差補正率。

（2018年1月以降からの適用で、それ以前は「広大地の評価」の計算手法）

・対象：三大都市圏は500㎡以上、それ以外の地域は1,000㎡以上の宅地が対象

・計算：（通常の宅地の評価額）×規模格差補正率×地積

・**試算**：地方都市・普通住宅地区の宅地（路線価㎡当たり8万円）を例に取ると、

　・地積1,500㎡⇒規模格差補正率は0.77⇒補正後の路線価は61,600円／㎡

　・地積3,000㎡⇒規模格差補正率は0.74⇒補正後の路線価は59,200円／㎡

（具体的な計算式等は、国税庁HP・タックスアンサーNo.4609参照）

c. 市街化調整区域の土地の評価　（評基通21-2）

上記aの表中のD（固定資産税評価額）の数字に、各エリアごとに国税局が定めた倍率を乗じて評価する。

③ 建物の評価　（評基通89・93）

市町村役場が定める「固定資産税評価額」が基準となり、貸家の場合は一定率の減額を行う。（借家権割合30％と賃貸割合で計算）

建物の固定資産税評価額の算出方法

・市役所は、「固定資産評価基準」（建物の種類・構造・材質等による単価）に基づき、新築時に価格を査定→以降は経年劣化の割合を減じて3年に1回、建物の評価額を査定。

（当初の査定額は売買価格等の6～7割程度の由。売買金額や請負金額とは別次元で査定）

・建築費の実際の高低差は考慮なし。耐用年数経過の古家でも当初評価額の20％止まり。

※固定資産税の課税方法も、一歩各論に入ると疑問・問題点が少なからずある。

④その他の財産の評価

a. 上場株式……下記４つの価格のなかの最安値で評価する。（評基通 169）

㋐相続日の終値　㋑当月終値月平均額　㋒前月の同左

㋓前々月の同左

b. 非上場株式……評基通 178～189-7 に定める詳細・厳格な算定式で算出。

・会社の規模（売上高・純資産価額・従業員数）で大会社・中・小に分類

・株主の会社支配の程度に応じ、原則的な評価方法か配当還元方式の選択

・同族株主の有無・中心的な同族株主の有無・会社役員就任の有無等 ・比準要素数０・１、株式等又は土地等保有特定会社、清算中又は休業中の会社等
★非常に精緻な計算式等が多々あるが、当局と見解の相違も発生しがち。

c. 配偶者居住権　☞ P46　（相法 23 の 2）

夫婦の一方の相続時に住み続ける権利を取得した生存配偶者は、土地・建物の通常の評価額の一定割合の財産価値を相続で取得したとして、相続財産に計上が必要。

この関連で、負担付きの土地建物を相続した相続人（子）は、通常の評価額から配偶者居住権分を控除した金額を相続財産に計上する。

	母が取得（配偶者居住権）	**子** が 取 得（母の権利が付着）
建物	建物の固定資産税評価額　－㋒	建物の固定資産税評価額 × （㋐－残存年数※）／（（耐用年数－築後経過年数）㋐） × 残存年数に応じた年 3% の複利現価率㋑ ＝㋒
土地	土地の相続税評価額－㋓	土地の相続税評価額×㋑＝㋓
	母の相続税申告額	子　の　相　続　税　申　告　額

※残存年数（基本）：居住権が終身のとき⇒配偶者の余命年数

事 例：相続税評価額：建物500万円＋土地3,000万円＝3,500万円、建物は木造で築10年

（単位：万円）

母が70歳	母	子	計
建物部分	464	36	500
土地部分	1,338	1,662	3,000
計	1,802	1,698	3,500

母が80歳	母	子	計
建物部分	332	168	500
土地部分	897	2,103	3,000
計	1,229	2,271	3,500

・配偶者居住権の評価額は、下記の組合せで算出する。
①建物の耐用年数と築後年数
②配偶者の年齢⇒平均余命年数
③存続年数≒平均余命年数に対応した年3%の複利現価率

⬇

✤建物の築後年数・配偶者の年齢で変動
※建物が新しく母が若いほど、評価額は高い。

※相続税申告時の添付書類として、配偶者居住権等の評価明細書がある。

d. その他の各種財産……相続発生日現在の時価で評価（評基通に詳細あり）

・現金（現物確認。なお相続寸前の預金引き出し分は、ここに計上）

・預貯金（残高証明書）・車など（中古市場価格）・家財（時価）

第4節　相続税の申告と納付

(1) 相続税の申告　（相法§27）　☞ P182

相続や遺贈で財産を取得した者は、相続発生日の翌日から10か月以内に相続税申告書の提出が必要。この日が土日休日ならその翌日が期限。

・相続人が複数のとき、一つの申告書に各自が署名して提出のケースが多いが、各自がバラバラで提出してもよい。
・争族状態で相続時の預金や株式等の正確な数字が把握できないとき、分かる範囲・推測の数字で税額を計算して申告・納税が必要。（相法§55）
（後日の税務調査時等で正しい数字をつかみ、修正申告等で対応する）
・遺言書で「全てをAに」となっておれば、Aが申告・納税を行う。
（他の相続人が遺留分の減殺請求を言い出していても、Aが申告・納税）
（後日の決着時に、Aは更正の請求で減額・相手方は期限後申告と納税）

(2) 相続税の納付 (相法 §33)

相続発生日の翌日から10か月以内に、納付が必要。

但し現金納付が困難なときは、税務署に延納または物納の申請が可能。

延　納 (相法 §38)	物　納 (相法 §41)
※納付期限までに全額納付が困難なとき。 ・相続税額が10万円超で、金銭納付が困難 ・納付期限までに「延納申請書」を提出 ・延納期間の上限は相続財産の種類等による。 ・担保の提供と利子税が必要	※延納によっても金銭納付が困難なとき。 ・法定の種類及び順位の相続財産(国債・地方債→不動産→社債・株式→動産等) ・納付期限までに「物納申請書」を提出 ・物納適格の条件を満たした財産
★申告期限までに種々の必要書類を揃えて税務署に申請し、許可を受ける必要がある。 細かい条件が種々あり、延納や物納の申請が却下されることもある。	

(3) 連帯納付義務

同一の被相続人から相続で財産を取得した者は、自己が受けた利益の範囲内で、互いに連帯して納付する義務がある。(相法 §34)

相続発生→10か月以内・納付期限→未納・本来の納付義務者に督促→それでも未納──►他の相続人に未納の旨の連絡──►他の相続人に納付通知書が届く。

※当局にとっては都合のよいルールだが、相続人サイドから見れば違和感あり。これを理由に、『現行の法定相続分課税方式から「遺産取得課税方式」に変更を』との改正要望が、日本税理士会連合会等から出されている。

第 5 節　相続税計算シミュレーション

(1) 想定した事例

前提	・父が 2022 年 4 月に死亡し相続人は妻・長男・長女の 3 人。相続時点の遺産を単純集計すると、13,420 万円。 ・子供 2 人はそれぞれ、父から 15 年前に相続時精算課税で各 2 千万円の贈与を受けている。（相続時点では残っていない）

単位：　万円　万円

財産の内訳	A 現 況	B 申 告	B は税法基準で計上したとき
自宅敷地 330㎡	3,000	**600**	小規模宅地特例の適用で 8 割減額
			遺産分割協議が成立したときに適用
自宅建物	900	900	建物は固定資産税の評価額で計上
貸駐車場敷地	2,000	2,000	路線価で評価（奥行・間口狭小等の補正）
上場株式	2,000	2,000	相続日・3 か月各月の終値平均の最安値を採用
国債・投資信託	1,300	1,300	
手持ち現金	20	120	相続寸前に出金の 100 万円を加算 ☞ P82
預貯金	2,260	2,260	名義預金も計上
家財一式	30	30	特別なお宝があれば別途評価して計上
自家用車	50	50	中古車の相場価格で計上
生命保険金	2,100	600	保険金 2,100 万円から相続人 @500万円×3 を控除
還付所得税	10	10	準確定申告での還付金
プラス財産	13,670	9,870	
控除　債　務	50	50	未払の固定資産税・入院費等
控除　葬式代	200	200	通夜・本葬・戒名料等 / 香典返しや法要等は不可
相続時点の遺産	**13,420**	**9,620**	
相続時精算課税	−	4,000	子供 2 人への 15 年前の贈与額を加算
課　税　価　格	**13,420**	**13,620**	但し未分割時は自宅敷地への小規模宅地特例は不適用で、課税価格は 16,020 万円となる。

(2)【事例】相続税額の計算

A. 未分割のとき（10 か月以内に遺産分割が不成立）

① B 欄下段の課税価格から基礎控除 （3,000 万円＋相続人数× 600 万円）を差引く。	課税価格：16,020万円－4,800万円=11,220万円
② 11,220 万円を法定相続分通りに分解計算。 この数字に対応した「相続税の速算表※」 の計算を行い、一家トータルの税額を算出。	妻　（11,220万円×1/2）×30%-700万円=983万円 長男（11,220万円×1/4）×15%-50万円=371万円 長女　（長男と同じ計算）　=371 万円 **相続税の総額　1,725 万円**
③上記 **1,725 万円**を 3 人それぞれの取得財産割合で按分……各自 10 か月以内に現金納付 妻　1,725 万円×37.5%＝**647** 万円　長男・長女とも　1,725 万円× 31.2%=**539** 万円	

	法定相続分に応じた取得金額	税率	控除額
※相続税の速算表	1,000 万円以下	10%	0
	3,000 万円以下	15%	50 万円
	5,000 万円以下	20%	200 万円
	1 億円以下	30%	700 万円
	2 億円以下	40%	1,700 万円
	3 億円以下	45%	2,700 万円
	6 億円以下	50%	4,200 万円
	6 億円超	55%	7,200 万円

・この速算表で計算した相続人ごとの税額の合計額が、相続税の総額。

・この速算表の出所：国税庁 HP（タックスアンサー No.4155 相続税の税率）

B. 妻が全部取得するとき（長男・長女は 15 年前の精算課税受贈額を加算）

a. 自宅敷地⇒**小規模宅地特例**を適用⇒ 3,000 万円から 8 割控除⇒ 600 万円で計上（財産評価△ 2,400 万円）

長男・長女、今回は遺産分配は 0 だが 15 年前の相続時精算課税・受贈額をそれぞれ計上

b. 上記①②類似で基礎控除 4,800 万円を控除した金額に法定相続分を乗じ、税率を当てはめ。

相続税の総額は 1,244 万円　これに上記③類似の計算を行い、3 人それぞれの税額を算出

c. 妻は**配偶者の税額軽減特例**（☞ P122）を適用。特例適用前の妻の相続税額は、878 万円

妻の取得財産額 9,620 万円＜ 1.6 億円⇒上記で算出税額 878 万円の全額を控除

⇒納付税額は 0

（※法定相続分相当額か 1.6 億円のいずれか大きい金額に対応した相続税額の控除）

d. 長男・長女、今回の相続では 0 だが、15 年前の相続時精算課税・受贈額 2,000 万円が影響。☞ P67

上記 b の計算で、各自 183 万円の相続税額の納付

C. 長男・長女が 2,000 万円ずつ取得、妻が残余財産をは取得するとき

B に比べ妻の取り分が 4,000 万円減少し、子は相続時精算課税分含め各 4,000 万円。納税額は妻は 0・子はそれぞれ 365 万円となる。（計算の過程は省略）

※シミュレーションのまとめ

分割のしかた		妻	長男	長女	合計
A 未分割時	財　産	6,010	5,005	5,005	16,020
	相続税	**647**	**539**	**539**	**1,725**
B 妻が全て取得	財　産	9,620	2,000	2,000	13,620
	相続税	**0**	**183**	**183**	**366**
C 子が 2,000 万円ずつ妻が残余財産	財　産	5,620	4,000	4,000	13,620
	相続税	**0**	**365**	**365**	**730**

（債務・葬式代は①では法定相続分で按分、②③では妻負担として計算）

a. 今回の相続税額がとにかく安ければ…なら、シミュレーション B の選択。

b. 但し B 選択なら、二次相続（母の死亡時）の税額が膨らむ可能性。

基礎控除額が 4,200 万円に減り、適用税率が上がる可能性のため。

c. 母の固有財産額や年齢等も考慮→二次相続の試算⇒その上で今回の遺産分割

d.（例）相続税額を押さえつつ母の老後資金もシッカリ確保する方法として……

㋐『自宅不動産は子が取得、母は配偶者居住権と預金を多めに取得する』

㋑『今回大半を母が取得、長男の家は母が建て長男に無償で貸す。長女宅の孫の教育費は気前よく母が都度負担してやる』etc

㋒『自宅不動産や預金の過半は母が取得、足元が覚束なくなる前に自宅売却（居住用財産の譲渡特例を使う。☞ P60）
→売却金で有料老人ホーム入居〈子に負担は求めず〉』

㋓……【家族で話し合い、各家庭に即したベターな分割案の選択】

(3) 相続税額の早見表 （参考資料）

・相続税額は遺産額が同じでも、配偶者の有無や法定相続人数の多寡により、更には各種特例の適用の有無で差異が生じてくる。

・次の前提条件のもとで、相続人全体の税額はいくらかを計算した。

前提
・課税価格は、プラス財産から債務・葬式費用を控除した金額
・相続人が法定相続分通り相続取得するとして計算（配偶者も1/2の取得として）
・未成年者・障害者・相次相続等の控除は織り込みなし。

a. 法定相続人が配偶者と子供のケース

課税価格	相続人全体の税額（単位：円）		
	子供の人数		
	1人	2人	3人
5千万円	400,000	100,000	0
1億円	3,850,000	3,150,000	2,620,000
2億円	16,700,000	13,500,000	12,170,000
3億円	34,600,000	28,600,000	25,400,000
5億円	76,050,000	65,550,000	59,620,000
10億円	197,500,000	178,100,000	166,350,000

b. 法定相続人が子供だけのケース

課税価格	相続人全体の税額（単位：円）		
	子供の人数		
	1人	2人	3人
5千万円	1,600,000	800,000	200,000
1億円	12,200,000	7,700,000	6,300,000
2億円	48,600,000	33,400,000	24,600,000
3億円	91,800,000	69,200,000	54,600,000
5億円	190,000,000	152,100,000	129,800,000
10億円	458,200,000	395,000,000	350,000,000

第６節　税務調査等

(1) 税務調査の概要

①調査対象の期間等　（通則法 §70・74 の９他）

申告書を提出しているときの税務調査対象期間は、原則３年間。
（問題ありのときは５年間、偽りその他不正行為があるときは７年間）
実地税務調査が行われるのは、概ね相続発生後２年前後か。

・税務調査は、通常「調査の事前通知」の電話があり、日時の調整が行われる。
　（税理士関与のときは税理士に連絡が入り、相続人・税理士・税務署の３者間で日程調整）
・臨場調査では、税務署が既に銀行等の情報を掴んでいるケースが多い。
・マルサ（国税局査察部）の調査は、無予告・強制調査で、刑事告訴もある。

・税務調査で申告漏れ等で追徴課税される割合は、国税庁統計では８割以上と高い。銀行調査や内部資料との照合等のためか。

②税務調査でよく問題になる項目

所得税・相続税・贈与税　**複数税目・同時調査も。**

a. 名義預金……名義は家族だが、実態は被相続人の預金やへそくり預金等
b. 生前贈与……３年内の贈与や相続時精算課税申告後の贈与は全部加算
c. 土地評価……補正率の適用や不整形地評価に問題。タワーマンション事例
d. 預金・株式等……銀行照会ではこうなっている。投資信託や高級車の抜け
e. 国外財産……CRS 国外当局との自動・情報交換制度で国外財産の抜けが発覚
f. 小規模宅地特例……同一生計ではない・区分所有建物ゆえ全体への適用不可
g. 生前贈与……………教育資金贈与特例で相続時点の残金の相続財産計上漏れ

h. 生命保険金等……………ネット生保会社分や建物更生共済の積立部分の抜け
i. 葬式費用等……初七日法要や相続後に購入の仏壇代は不可。純金仏像は不可
j. 債務控除……団体信用保険付き住宅ローンや、単なる保証債務の計上は不可
★税務署は、故人だけでなく相続人名義の通帳の出入りも数年分を下調べ！

貸金庫の中から（国税当局。未公表事例集）　2022.5.9『週刊税務通信』

・相続人名義の通帳から貸金庫料の支払いを発見→貸金庫の現物確認調査で現金や金地金を発見→「被相続人の財産ではなく、相続人の財産」との納税者の説明

・銀行調査に移行し、出金伝票・ATM防犯カメラ・貸金庫の開閉記録を確認→納税者は、被相続人の財産として申告除外を認めた。

(2) 申告漏れのとき（通則法§60・§65～69）

追加納付税額が発生すると、延滞税と加算税が付加される。

<table>
<tr><th colspan="3" rowspan="2">延滞税・加算税の％（2022年4月現在）</th><th rowspan="2">A. 延滞税</th><th colspan="2">B. 加算税</th></tr>
<tr><th>無申告</th><th>過少申告</th></tr>
<tr><td colspan="3">a 法定申告期限後に自主的に申告・納税</td><td rowspan="6">毎年、変動金利制
納期限～２か月内
2.4%
（過ぎると8.7%）</td><td>5.0%</td><td>−</td></tr>
<tr><td>b</td><td rowspan="2">申告済</td><td>申告後に自主的に修正申告・納税</td><td>10%（15%）</td><td>5%（10%）</td></tr>
<tr><td>c</td><td>税務調査の結果で修正申告・納税</td><td>15%（20%）</td><td>10%（15%）</td></tr>
<tr><td colspan="3">d 無申告→調査で課税処分</td><td>15%（20%）</td><td>−</td></tr>
<tr><td colspan="3">e 無申告→自主的に期限後申告</td><td>5%（10%）</td><td>−</td></tr>
<tr><td colspan="3">f 仮装・隠蔽で悪質なとき</td><td>40%</td><td>35%</td></tr>
</table>

（　）内の％は（追加）納付税額の内、50万円超の部分に対する加算税率

★相続税特有のペナルティがあるので要注意。

a. 配偶者の税額控除特例が使えないケースが出てくる。（相法§19の2）

配偶者に隠蔽仮装行為があり⇒これに対応した税額控除は不可。

b. 相続人中の一人の隠蔽仮装で追加徴収のとき、他の善良な相続人にも追徴税額＋延滞税が発生する。（通則法 §65、相法 §34）

(3) 過大納付のとき

税務署は言ってくれないので、納税者自らが根拠資料を添えて「更正の請求書」を税務署に提出して還付請求を行うことになる。

a. 申告後に、税法規定に従っていなかったり計算間違いで、過大納付だったことが判明
⇒当初申告期限から 5 年以内に税務署に還付請求。（通則法 §23）
b. 当初は未分割申告／配偶者控除特例や小規模宅地特例は不適用（3 年内分割見込み書提出）
→その後に分割協議が成立→特例適用で過大納付が判明→遺産分割日から 4 か月以内に更正の請求を行う。（相法 §19 の 2 ②他）

税務調査の一端

①銀行の融資実行時の稟議書も調べ、「節税目的のための借り入れ」の旨も把握していた由（☞ P140）
②毎年、国税庁の HP に「○年度　査察の概要」が掲載されている。
2022 年 6 月公表分では「検察庁に告発 75 件・消費税事案や国際事案」等、9 件の詳しい事例が紹介されている。
★なお政治家や宗教法人等への査察事例は、見かけない。なぜ？

〈統計〉**一人当たり遺産額は1.3億円、納税は1737万円**　（出典：国税庁HP）

○　相続税の申告事績

	項目＼年分等	令和元年分（注1）	令和2年分（注1）	対前年比
①	被相続人数（死亡者数）（注2）	人 1,381,093	人 1,372,755	% 99.4
②	相続税の申告書の提出に係る被相続人数	人 外 32,534 115,267	人 外 32,651 120,372	% 外 100.4 104.4
③	課税割合（②／①）	% 8.3	% 8.8	ポイント 0.4
④	相続税の納税者である相続人数	人 254,517	人 264,455	% 103.9
⑤	課税価格（注3）	億円 外 16,644 157,843	億円 外 16,657 163,937	% 外 100.1 103.9
⑥	税額	億円 19,754	億円 20,915	% 105.9
⑦	1人当たり 被相続人 課税価格（注3）（⑤／②）	万円 外 5,116 13,694	万円 外 5,102 13,619	% 外 99.7 99.5
⑧	1人当たり 被相続人 税額（⑥／②）	万円 1,714	万円 1,737	% 101.4

2020年　エリア別・相続税の課税割合等の統計　〈筆者 作成〉

※課税割合　東京都17.0%⇔青森県2.9%、 麹町税務署内39.4%　芦屋17.7%……

エ　リ　ア	A 課税人数	B 死亡者数	A/B 課税割合	C 被相続人一人当たり：万円 課税価格	 相続税額
全　　国	120,372	1,372,755	8.7%	13,128	1,641
東京都	20,647	121,219	17.0%	17,436	2,913
愛知県	10,088	70,518	14.3%	13,818	1,713
大阪府	8,089	91,644	8.8%	14,487	1,900
兵庫県	5,341	58,654	9.1%	14,021	2,050
青森県	532	17,905	2.9%	11,544	824
税 務 署 別					
麹町（東京）	160	406	39.4%	24,775	5,355
渋谷（〃）	502	1,533	32.7%	35,351	5,743
名古屋東	129	691	18.6%	24,178	6,809
東・南（大阪）	116	605	19.1%	19,964	3,247
芦屋（兵庫）	484	2,729	17.7%	20,135	4,455
西宮（〃）	901	6,384	14.1%	15,934	2,445
加古川（〃）	294	4,148	7.0%	9,599	631

・A・Cは、「国税庁統計年報・相続税→国税局統計情報・税務署別課税状況」から。
・Bは厚労省「人口動態統計→統計表一覧 e-Stat →死亡数市町村別」から。
※『週刊東洋経済』2022.8.13-20号に全国の税務署別の詳細数字の掲載がある。

○相続税の実地調査事績　（出典：国税庁 HP）

項目		事務年度等	令和元事務年度	令和２事務年度	対前事務年度比
①	実地調査件数		件 10,635	件 5,106	% 48.0
②	申告漏れ等の非違件数		件 9,072	件 4,475	% 49.3
③	非違割合（②／①）		% 85.3	% 87.6	ポイント 2.3
④	重加算税賦課件数		件 1,541	件 719	% 46.7
⑤	重加算税賦課割合（④／②）		% 17.0	% 16.1	ポイント ▲0.9
⑥	申告漏れ課税価格（注）		億円 3,048	億円 1,785	% 58.6
⑦	⑥のうち重加算税賦課対象		億円 572	億円 319	% 55.9
⑧	追徴税額	本税	億円 587	億円 416	% 70.9
⑨		加算税	億円 95	億円 66	% 69.2
⑩		合計	億円 681	億円 482	% 70.7
⑪	1件当たり 実地調査	申告漏れ課税価格（⑥／①）（注）	万円 2,866	万円 3,496	% 122.0
⑫		追徴税額（⑩／①）	万円 641	万円 943	% 147.3

・R2年の実地調査件数は、コロナ禍の影響で前年度比48%に落ち込み。
・但し調査結果の申告漏れ（非違）割合は87.6%と非常に高い。
　税務署は銀行や証券会社等への裏付け調査をシッカリ実施のためか。
・申告漏れ額は1件当たり3,496万円、追徴税額は943万円であった由。

コラム

世間の常識 ⟺ 税務とのギャップ！

① 賃貸住宅の相続税法上の評価額　（評基通 89・93）

・建物の相続税上の評価は、市役所査定の固定資産税評価額が基本。

・賃貸住宅の場合は、入居者割合に応じて一定割合を減じて評価（最高 30%）

※全室入居時は△ 30% で評価し、空き部屋 50% で収支悪化時は△ 15% の減額のみ。

賃貸経営が悪いほど財産評価額が高く、相続税額がアップ⇒***逆でしょう！！***

② 土地、間口が狭い等は致命傷だが　（評基通 20-4）

・間口狭小な土地や無道路地は、付近の土地と比較して利用価値が劣る。そこで一定割合の減額が定められているが、***常識とは程遠い減額率のみ。***

・（例）住宅地で間口が 4m 未満→相続税では、一律に△ 10% のみ。（建築基準法では接道義務は 2m 以上⇒ 2m 未満なら建築不可）

③ 離婚時に財産分与として、夫から妻に自宅不動産を渡すとき。

・常識的な範囲であれば、妻には課税なし。（夫婦共同で作った財産の精算であるため）

・しかし渡した夫に譲渡所得税の課税（「分与時の時価－減価償却後の取得原価」に課税）

★金銭の授受はなくても、夫は自宅を売却・換金しその金で財産分与したとの税の理屈！

④『遠〜い親族』非上場株式の評価時に突如顔を出す！　（評基通 188 他）

・同族株主等（支配権の有無）・中心的な株主の有無・役員またはその予定者など、株主を細分化して、各株主の所有株式の評価を行うが、非常に微細・

微妙な計算。

・「株主の一人及びその同族関係者の有する議決権の割合が……」の点がポイントで、民法上の『親族＝配偶者・6 親等内の血族・3 親等内の姻族』が関係してくる。

6 親等の血族⇒やしゃご④親等、甥姪の曾孫⑥、従兄弟の孫⑥ etc

・従兄弟④親等や甥姪③ですら年賀状のやり取りも途切れがちな今の時代に、昔の風習を当然視する税務の発想はいかがなものか！

キンチョー創業一族の末裔の所有する株式の評価　（最高裁 1999.2.23）

・この相続人は役員でもなく持株割合も僅少⇒配当還元方式で@ 500 円で申告。

・当局は S1+S2 方式で計算した@16,743 円として課税。何と 33 倍もの差。

※最高裁までもつれ込んだが、形式論では当局に理があり、相続人は敗訴。

⑤〚早生まれの子〛は、割を食う！　（所得税法）

・「12 月 31 日生まれの子は、所得税の扶養控除の対象になり親孝行」と言われていた。

(2010 年からの子ども手当で、今は大晦日生まれの子の所得税上のメリットはなし)

・しかし依然として不公平感が残るのは「高校生・大学生」を想定した控除対象扶養親族。

(高校生 16 歳以上は 38 万円、大学生等 19 歳～ 22 歳は 63 万円の所得控除が受けられる)

※学校は 4/1 ～翌年 3/31 の学期制度だが、扶養控除は 12/31 で判定。この 3 か月のギャップ！

⇒早生まれの子（1/1 ～ 4/1）は、高校 1 年時の 12/31 では 15 歳ゆえ親は扶養控除の適用不可。税法の規定の工夫で何とかならぬものか……。

第７章　相続や税務等の事例

第１節　税務の裁判例等

①タワーマンション節税裁判　（最高裁 2022.4.19）

財産評価基本通達では	市場価格では
・超高層マンションの敷地持ち分の面積は僅少 →東京の超一等地でも評価額は低くなる。 ・建物の評価額は、最上階も１階も同額	時価＝市場価格は税務とは別の価値観で決まる。 ・土地の持ち分が 10㎡でも、ブランド価値が大 ・取引値段：１階対比　高層階は２倍以上の差はザラ

納税者	91 歳の人がマンションを 2009 年に銀行借入れで購入→約３年後に相続発生→相続９か月後に１つを売却 ・二つのタワーマンションを 13.8 億円で購入し通達に基づく申告額は 3.3 億円 ⇒<u>差額約 10 億円</u> ・かつマンション購入時の借入金を債務控除⇒相続税は０ ・当局は「マンションの評価が低すぎる」と追徴課税 ※「一遍の通達を理由に否認するのは、租税法律主義に反し、恣意的・違法な処分である」と納税者は提訴
当局	下記通達を根拠に、不動産鑑定結果の 12.7 億円を評価額として、３億円の追徴課税 「この通達の定めによって評価することが著しく不適当と認められる財産の価額は、国税庁長官の指示を受けて評価する」（財産評価基本通達・総則第６項） ※形式的な平等を貫くと、実質的な税負担の公平を害する⇒**総則第６項の適用は妥当**

判 決：当局の勝訴『申告内容は著しく税の公平を害しており、路線価基準の評価は不当』

残った課題	・本事例は極端な節税に突っ走っており、通常人の申告とはバランスを欠いているのは事実。 ・しかし、〔どんな条件下なら路線価ベースの評価手法がダメなのか〕の具体的な基準が判決では示されておらず、単に“租税負担の公平に反する”の一般論に終始している。 ・タワーマンション、低層階と高層階の売出し価格の差は何割増しでなく、何倍にもなる！ ➡こういう現実の悩ましい論点には、課税当局も最高裁も触れずに結論ありきの判断。 ★相続税の基本要素である〔時価〕の算定方法は、経済社会の動向も踏まえ再検討が必要。

〈補足〉当局は信託銀行の融資時の稟議書も調べ、借入れの動機が「相続対策のため」との記述も把握済。

★なお国税庁は2011～2013年の高層マンションの譲渡所得・申告実績343件を調べ、売買価格と相続税評価手法での価格が、最高で6.93倍・平均で3.04倍の開きがあることを把握していた由。
（「税のしるべ」2016.12.19号にこの記載あり）

★2014年当時の隠れたベストセラーが下記。
『タワーマンション節税！　相続対策は東京の不動産でやりなさい』（沖有人 著・朝日新聞出版）

②孫名義の預金　（判例や裁決　多数あり）

祖父が自分の預金から出金して孫名義の定期預金を作るも相続財産に計上なし。⇒孫の名前を使っているだけで実質は祖父の財産であり相続財産として計上すべし、との扱い。☞ P81

③妻のへそくり預金　（判例や裁決　多数あり）

夫からの生活費を妻名義の預金口座に入金し、妻はここから出金して生活費に。⇒税務調査で、相続財産に計上すべし。

★②③に共通　**名義人と実際の権利者**

下記の項目をチェック⇒総合的に見て、「誰が真の権利者か」を判定

a. その預金の原資は誰が調達したか。

b. 口座開設時の手続きは誰がしたか。印鑑は誰が持っているか。

c. その後の預金の出し入れは、どこで誰が行い、何に使っているか。

d. 贈与契約書や贈与税申告書があるのか。

④相続預金の出金　（最高裁 2016.12.19）

この判決を機に、相続時の預金引出しや入出金記録の開示のルールが変わり、2019 年 7 月施行の民法 §909 の 2 の創設（預貯金仮払い制度）にも繋がった。

	従　　　来	2017 年 以 降
相続預金の出金（遺言書がないとき）	・相続人は単独で法定相続分相当の預金の出金が可能	・相続人全員が合意した遺産分割協議書が必要
預金入出金記録の開示	・相続人全員での請求が必要	・相続人一人で請求が可能

⑤認知症と損害賠償責任　（最高裁 2016.3.1）

2007 年に父親（91 歳）が認知症で徘徊中に JR の線路に入り死亡した事故で、JR 東海が家族に振替輸送費等の損害賠償を求めて提訴→約 10 年にわたる裁判の結果、最高裁で家族側が逆転勝訴。

・民法 §714 では「責任能力のない者の損害賠償責任は監督義務者が負う」とあるが、「長男は監督義務者に準じる立場だが義務を怠たらなかった。JR には防御柵の設置がなかった過失あり」として家族の責任は問われず。

・ことが起こると***大きなリスク！***　高齢者・家族ともども事故がないように、かつ万一に備え損害保険（個人賠償責任補償）加入等の事前対策が不可欠。
※神戸市等一部の自治体は、損保会社と契約して地域の認知症患者を対象の補償制度を導入

⑥会計検査院・検査報告　『会計検査事例100選（令和3年版)』
「税金の無駄使い」の報道の情報源で各地の図書館に蔵書されている。
a. 中小企業対象の「留保金課税の免除」の適用範囲の再考を。
優良企業も一律に減税の弊害がでている。
b. 布製マスク（アベノマスク）配布について
c. 親子会社間の配当の源泉徴収制度を見直すべし。
ソフトバンクGの実名をあげ、「財務省の怠慢は目に余る。速やかに制度の改善に着手すべき」の記載。⇒2022年度改正で対応の由
※2022年11月上旬に「2021年度ではコロナ対策費の無駄遣いや不適切な経理が目立った」との検査結果が、マスコミ報道されている。

第2節　相続税申告等の体験実例

相続は家族構成や財産内容等が個々に異なり論点も多く、絶対的な正解はあるようでない。筆者の体験実例の一部を紹介する。

①宅地の評価と接道義務
・家の建築には、敷地が幅4m以上の公道に2m以上の接道が必要で、路線価等の査定時もこの原則が適用されるが、個々の実例ではおかしなケースも存在する。
・本件は5区画のミニ開発地域で、開発業者の所有地が位置指定道路の認定。本件宅地は一見すると接道義務を充足した宅地と見える。

・しかし法務局の地積測量図や市役所の開発道路許可時の図面と照合
→本件宅地と位置指定道路の間に業者所有の狭小土地→実際は無道路地
→市役所に「無道路地状態であり今の評価はおかしい」旨を申し入れ。
固定資産税評価額は、従来対比24%の減額・相続税も同様に減額評価して申告。

②カミソリ地と呼ばれる土地

・相続し売却予定の宅地と開発道路との間に、奥行き約40 m・面積2.90㎡の土地（不動産会社所有）が、まとわりつくように存在。
・売却予定の土地は開発道路に接しておらず、売却には大幅な値引きが予想された。
・この2.90㎡を○○○万円と見て、値引きする形でこの開発業者系の会社に売却した。（こうせざるを得なかった）

①②に共　通	家の建築時、敷地は4m幅以上の公道に2m以上接していることが必要。この接道義務が未達なら建物の建築はできない。（建築基準法§42）

③「死因贈与」というウルトラC　（民法§554、相法§1の3・§18）

・子のいない夫婦で、夫Aの相続時は田を含む大半を妻Bが相続取得。
・Bの相続時、遺言書なし・養子縁組なし・妻の親は死亡済→Bの兄弟4人C達が法定相続人。C達からは「嫁に行った先の財産を貰うつもりはない」「亡Aの弟Dが貰ってくれたら…」との話。
・一般論では、C達が相続税申告→C達からDへの贈与の2段階方式。
一方、この地域ではC達の話は慣習的にあり得る話であり、生前～葬式～49日法要等の事情を聴取すると、下記の具体的な事実があった。

・Dは生前からA家の農業を手伝う等、何かとA·Bと濃い親戚付き合をしていた。
・Bの葬儀の喪主はDが務め、その後の法要もDが仕切っており、これらの証拠はシッカリとある。

・Ｂは生前からＤに、「私が死んだら後々の百姓仕事やお寺の付き合いを頼む、田は渡す」と言っており、Ｃ達やＤ一族も聞いていた。

・そこで田は口頭での死因贈与契約があった⇒相続税の対象と判断した。
・田はＤが、預貯金等はＣ達が取得する内容で相続税申告と不動産登記を実施した。
Ｄは法定相続人ではない→通常の相続税額の２割増しの相続税を納付（相法 §18）
・口頭での死因贈与は稀であり、事前に税務署にも相談し慎重に対応した。

✤死因贈与とは、「私が死んだら財産を上げます」「貰います」との双方の合意で成立する贈与の一種で、基本は書面を取り交わす。（民法§554）
・不動産が対象の場合、死因贈与の仮登記が可能で贈与者の生前からシッカリと権利を明示できる。なお執行者を決めておくのがベター。

④「相続分の譲渡」という奇策　（民法 §905、相法 §1の3）

A ＝ B
- **C**（この人だけが分割協議に応じず）**R3 年に死去**
  Ｃの子は３人
- **D**（この次男が両親の世話・農作業をこなす）
  （なおＤは H8 年に死亡し、その長男 **H** が後継者）
- E
- F
- G

（E・F・G）・３人とも高齢に。
・財産は最終的には H が承継することは納得

A の死亡：S43 年→未分割状態のまま。
B の死亡：H9 年 →　〃
（筆者は H14 年以降に関与）

・争族の典型で、感情のもつれが長年続く。代替わりしないと解決しない！
・かといってＣ～Ｇの相続人は老いていく。成り行き任せでは、関係者が増えてしまい、解決しづらくなる一方。

⬇

・<u>相続分の譲渡</u> の手法を使う。（民法 §905）

〔・遺産に対する包括的持分や法律上の地位を譲受人に譲渡すること。
・相続人間の「相続分の譲渡」では、贈与税等の課税は発生しない。〕

・H14 年に「<u>A 及び B の相続に関する相続分を H に譲渡する</u>」文書を E・F・G 3 人から入手。

・これを法務局に持込み、所有者欄は「C の持分 1/5・H の持分 4/5」の登記を実行。

⇒これで、E ～ G に相続が発生してもそれぞれの相続人と交渉する必要がない。

・R3 年に C の相続が発生→ H と C の相続人 3 人で交渉→ H が相続取得することで合意。

・C の代襲相続人である子 3 人から<u>相続分の譲渡</u>書類を入手→不動産は全て H 名義に。

★ A の相続（S43 年）から 50 年経った R3 年に、やっと全面解決！

補　足　**本件には下記 2 つの教訓もあった。**

A や B は「財産を D に相続させる」の公正証書遺言を作成していたが、

① 一部の土地の記載が登記簿と不一致で A → D の相続登記ができず。

② 母 B より先に子 D が死亡→折角の遺言書が活用できず。

（予備的遺言の記載があればクリアできたのに。☞ P108）

⑤争族状態 / 通帳等は兄が抱え込み

争族状態でも 10 か月以内に申告・納税の義務があり、下記方法で数字を収集して申告。

a 相続人であることを戸籍謄本等で証明した上で

・銀行に、残高と入出金記録 10 年分の開示を請求

・不動産所在地の市役所で名寄帳を取得

b 税務署に、他の相続人の生前贈与の有無等の開示を請求（相法 §49） （相続時精算課税適用額や相続開始前３年以内の贈与額について） ※ a 同様、相続人であることの証明が必要
c 手持ち現金・家財等や債務額は、過去の生活ぶり等から推測。 （上記 a、b のような客観的に正確な手法はない）

⑥ 母の日記帳に「この家は老後の世話をしてくれる次男に相続させる」

・このページに日付や署名や押印なし。また建物だけか敷地もかが不明。

・民法 §968 の条件を満たしておらず、遺言書の効力がない→相続人間で遺産分割協議の方法で決着をつけざるを得ない旨をアドバイス。

⑦ 広い敷地の半分ずつを長男と長女に相続させたいとの相談

・遺言書に「○○番地の土地の右半分は…」と書いても登記できない。

・土地家屋調査士に測量を依頼→分筆登記を行う→２つの地番ができる→遺言書に新地番ごとに「誰にどの土地を相続させる」と明記するようにアドバイス。

・土地の正式な測量費用は結構かかる。また隣接地の所有者の承諾印が必要。この手間・費用を惜しんで先送りすると子が困る！ そこで下記をアドバイス ・『将来分筆が予想されるときは、親の金で対処しておくべし。節税にもなる』

⑧「息子 A が多額の借金を残して死亡」との相談

・法定相続人の一人が相続放棄⇒相続の権利・義務は次順位に移る。

→一族に累が及ばぬよう、法定相続人になり得る人全員の相続放棄が必要の旨をアドバイス。

その後、弁護士に下記全員の相続放棄手続きを依頼した由。

〈・A の妻子　・A の両親　・A の兄弟　・A の祖母の全員〉

・相続人予定者全員が相続放棄すると、被相続人の財産・債務を管理する者がいなくなってしまうので、相続財産の換価処分や債権者への対応を行う「相続財産管理人」の選任の申立てを家庭裁判所に行う。
・この選任申立てには予納金が必要で、最低でも50万円程度は必要の由。

⑨ 土地評価を巡っては、種々の体験あり

a. ガス・水道の通っていないエリアの田なのに一人前の路線価。

・田舎的な道路に長く同一の路線価だが、宅地機能が全く未整備の土地にも同一路線価を適用するのは不合理⇒路線価の○割相当額とし、宅地造成費を控除して申告（相続税申告時には、この個別事情を明記）

b. 市街化地域の田だが、ため池の水際近辺で宅地化は到底無理な場所。

・宅地化が困難な市街地農地であり、評基通49を準用して近隣の純農地と同一とみて評価し、申告時にはこの旨の説明文を添付。

c. 土地の境界争い「境界はこの松の根元⇔いや根元から1尺離れた位置」

・簡易裁判所での調停も不成立。仲介者が代わっても、平行線のまま。意地のツッパリあいが根底にあり、世代交代を待つしか…。

参考：**地籍調査**（国土調査法に基づき1筆ごとの測量・境界の確定作業）
・土地境界のトラブルの未然防止や土地の有効活用促進等を目的に、市町村が実施中だが、全国の実施率は2019年で約52%。（市町村の費用で測量作業）
・この市町村の調査時に、隣地所有者と境界確認ができれば好都合なのだが…。

⑩「相続でもらった土地の売却時にも、税金はかかるのか」のよくある質問

a. 結論的には譲渡所得税が課税される。（譲渡金額－取得費・譲渡費用＝譲渡所得）

〈この取得費は、相続税申告時の評価額ではなく故人が生前に購入時の金額〉

b. 相続税は、相続で遺産を取得したことで生じた一時的な利得に対する所得税の一種で、富の集中排除の機能を果たすと理解されており、相続時点の価値が対象。

c. 一方、譲渡所得税は取得～譲渡の間の値上り益に対する課税で、このときの取得費は故人の購入金額であり、保有期間中の含み益が課税の対象。

d. 従って相続税を支払っていても、売却時には相続税とは別途に含み益に対する譲渡所得税が課される。（長期譲渡所得なら 15% の所得税）

・譲渡所得税と相続税の重複負担の軽減のため、申告期限の翌日から３年以内の譲渡なら、支払い済相続税のうち譲渡土地に対応の税額が取得費に加算される特例。（措法 §39）

トラブル防止の留意点

a　**論より証拠**　（日頃からこの基本を心得るべし）

「この金は、誰が、何に使った？」⇒親族間で揉めるのは避けたい。

⇒日頃からレシート・領収書等の保管や入手金記録をつける。

✤弁護士を頼んでも、自分に都合良く裁判が進むわけではない。
また裁判官が積極的に証拠を探し出してくれるのでもない。

心すべき格言

・金に色はついていない。　　**・死人に口なし。**

b　**先手必勝**　（トラブルに備え、早手回しに対策を）

遺言書の準備……予備的遺言・遺言執行者・付言等の事前検討も。

断捨離の実行……「そのうちに」は優柔不断の悪い癖。

c　**専門家への相談を早めに**　（生兵法は大けがのもと）

・税法・民法等の論争になれば甲論乙駁の世界。一筋縄ではいかない。

⇒税理士・弁護士・司法書士等の専門家に早めに相談を。
専門家に相談・依頼する以上、報酬・費用はかかる。

・弁護士は、税理士等が法律の話に一寸でも入ると<u>非弁活動</u>と言いがち。
⇒弁護士法 §72「弁護士以外は法律事務の取り扱いは禁止」の規定があるが、相続の法律論議は一切だめではない。反復継続かつ報酬目的はダメだろうが。

第３節　債権管理業務の事例

筆者は会社員時代に債権管理業務を担当したが、その中からの参考事例。

①税金債権は、民間の債権に優先する。

債務不履行の債務者の所有不動産に差押え登記を入れ、これで任務完了の筈が、後日に国税の差押え登記が入り<u>トンビに油揚げ</u>。

〔〈民・民〉であれば互角の勝負だが、国税徴収法 §8「国税優先」の規定で、国税の徴収権が優先してしまい、徒労に帰した。〕

②先手必勝・不動産への権利行使は登記の順位が絶対

a. 債務不履行で所在不明の債務者の新住所及び新規購入の不動産が判明。
b. 即日不動産の仮差押えを実施➡債務者から仮差押え解除の要請。
（住宅ローンの登記準備中に当方の仮差押え➡住宅会社との板挟み）
c. 当方として譲歩する訳にいかず、結局は住宅会社が当方に代払いすることで仮差押えを解除した。
『不動産の物権の変動の対抗要件は登記の順位（民法 §177）』☞ P45

③ 信用情報（いわゆるブラックリスト）**は名前のフリガナがキィ**

・大谷（おおたに・おおや）・東（あずま・ひがし）等々。
⇒読み方で全くの別人扱い⇒この手法ですり抜けようとする知恵者も。
✣2022 年 5 月報道では、「戸籍氏名に読み仮名付きを法律化」の動き。
DX のパソコン世界なら、当然こうならざるを得ない。

コラム

人生いろいろ

1　新生児の取り違え

・1950年代の裕福な家庭の子とその真逆的な子の取り違えの実話で、2008年にDNA鑑定が決め手になったが、遺産の行方や相続税問題等は波乱万丈！

2　夫婦（子供なし）が交通事故でともに即死⇒双方の兄弟間で裁判沙汰

・どちらが先に死亡したかで、相続財産の行き先が変わってくる。（民法§882 相続開始の原因）

※主たる財産は夫名義
→ 夫が先に死亡なら、妻が一旦相続取得⇒次に妻の兄弟が取得
→ 妻が先に死亡なら、妻の兄弟に行く財産はなし
→ 夫婦が同時死亡なら、ともに相続人にならない
⇒夫の財産は夫の相続人に、妻の財産は妻の相続人に。

同時死亡民法 §32の2

★2011年の東日本大震災時にも類似の事象が発生→通常のやり方では、火葬処理・保険金請求等が滞ってしまう→緊急特例の措置法で切り抜け。

3　新聞・雑誌等から見た争族の例……他山の石として。

・ずるい銀行（通夜では保証債務の件は一言も言わず、３か月後に内容証明郵便）
・晴天の霹靂　隠し子がある日　突然に。（タバコの吸殻でDNA鑑定）
・他の兄弟が知らぬ間に、兄が自分の子を父の養子に⇒ギクシャクの始まり
・一郎と二郎の兄弟。父の自筆遺言書には「預金は全て○○二郎に」
（よく見ると「一」郎の上に、横棒を一つ書き入れたような形跡が……）
・老人ホームで暮らす父が同じホームで暮らす女性と再婚していた……。
・亡父の大半の財産が、知らぬ間に後妻名義になっている…………。

[4]　1位 皇居　2位 大阪城　3位 甲子園球場　番外 東京都小笠原村沖の鳥島

何のランキング？ ➡ 本籍地を意外な場所に置いている人の人数！

・昔：「本籍地は生まれ故郷・墳墓の地。住居移転はするが本籍地はそのまま」

　今：本籍地はどこに置いても OK ⇒本籍地の意味は？　どのような意味があり？

※明治以来の各種行政のシステム、DX 時代であり変えていく必要がありそう！

◇◇

映 画 等 〈家族や人生のドラマ〉 ✣他人事は面白いが……

公開年月	タ　イ　ト　ル	主　　演	
2022年10月	一橋桐子の犯罪日記	松坂　慶子	孤老の万引の真の動機……NHK のドラマ
2022年6月	PLAN75	倍賞　千恵子	★吉永・倍賞等のマドンナも後期高齢者
2022年5月	瀬戸内寂聴 99年生きて思うこと	瀬戸内　寂聴	❄ 寂聴さん、よく飲み肉をたっぷり……。
2021年10月	老後の資金がありません！	天海　祐希	金はなくても機転を利かせ明るく……
2021年5月	いのちの停車場	吉永　小百合	原作は「南 杏子 著・幻冬舎」
2020年11月	おらおらでひとりいぐも	田中　裕子	原作は「若竹 千佐子 著 / 芥川賞作品」
2013年9月	そして父になる	福山　雅治	[1]の新生児取り違えがテーマ

〈参考事例〉　出版物から見た『2 家族それぞれの相続事情』

概況	京都の老舗・有名かばん店	急成長の“お値段以上”の会社
経過	親　死亡 2001 年→２通の遺言書 ・1997 年分：三男に持株 2/3 ・2000 年分：長男に　〃　4/5 事業は親生存中から三男が担い、長男は銀行勤めで家業はノータッチ	亡父が創業。長男の昭雄氏が承継 →急成長→株価は大急騰 ・母や兄弟は「会社の発展は亡父のおかげ」との立場 父の相続時の遺産分割は終了
論点	遺言書が２通！　どちらが有効？	上記の遺産分割協議は有効？
結果	地裁→高裁→最高裁→改めて提訴 →最高裁 2009 年再度・三男が勝訴	父の相続発生から 18 年経過後に母側が提訴→ 2012 年昭雄氏勝訴
教訓	①公正証書遺言であったなら、偽造 etc の紛議は出なかった可能性が強い。 ②父の生前中から、誰が事業承継するのか・持株の贈与等の対策が必要であった。	① 1990 年の遺産分割協議時、兄弟は自筆でなく記名・押印→実印で押印とは言え、軽率 ②昭雄氏の事業として行うなら母・兄弟とは別に、第二会社方式にしておれば……
	・将来に向かっての事業展開に関する日頃からの親子間の意思疎通 ・生前からの税理士・弁護士等との相談・具体的な対策の実行	
出典	菅 聖子 著・朝日新書 『一澤信三郎帆布物語』	似鳥 昭雄 著・朝日新聞出版 『ニトリ　成功の５原則』

第 8 章　近未来の予測等

第 1 節　税法に関する改善要望　（筆者の私見）

財産や家族を取り巻く社会・経済環境が様変わりし、DX や国際化で働き方も激変している中、税制が時代とミスマッチの点も多い。

〔相続税関連〕

①相続税の課税は、遺産取得課税方式への変更が必要

・現行の法定相続分課税方式（相続人全体を包摂した税額計算）は問題が多い。☞ P63

・そこで各相続人が、各自の取得財産額に応じた相続税額を申告する遺産取得課税方式への変更が必要。

②小規模宅地特例、金額基準の追加が必要

・現行は 3 種類の宅地ごとに適用上限面積が法定されているが、地価の高低は適用条件に織り込まれていない。☞ P120

・同じ面積の宅地でも、地価の高低で節税効果に大きな差異が生じ、不平等であり、人口の大都市集中に輪を掛けている。

・そこで面積基準だけでなく、地価要素も加味した新基準の策定が必要。

（相続税法 §19 の 2 配偶者に対する相続税額の軽減（法定相続分か 1.6 億円）のようなダブルスタンダード方式が参考になる。）

③財産評価基本通達の見直しが必要

・タワーマンション節税裁判や非上場会社の株式評価に関して、従来から多くの疑問点や改善要望が出されている。☞ P123

・財産評価基本通達が複雑・難解かつ硬直化しており、今の経済情勢や社会環境の変化に対応しきれていないことが問題。

・課税の予測可能性を担保できるように、財産評価通達の全面見直しが必要。

④保証債務の履行時には「更正の請求」ができるようにすべき

・相続後に相続人が保証債務の履行を行った場合、「更正の請求」の対象外とされているが、相続時点で内在していたリスクがその後に顕在化し、相続財産が減殺されてしまうことを意味している。

・相続発生から一定期間内に保証債務を履行し、主債務者への求償が困難なときは、更正の請求が可能になるよう改正が必要。☞ P134

⑤税法上の「親族」の定義は昭和時代の残滓であり、改正が必要

・税務上の親族の範囲は、非上場会社株式の評価や小規模宅地特例等にも関係し相続税額の多寡に大きく影響してくる。☞ P40

・親族＝6親等は昔の大家族時代の残滓であり、核家族化が一般的な今の時代に当てはめることに無理がある。所得税法や法人税法等でも、類似の現象が窺える。現行規定の改正が必要。

⑥相続税の連帯納付義務は廃止すべき

・2012年改正で一部緩和されたが、共同相続人への連帯納付責任の条項は、依然残ったまま。☞ P63

・国の立場を優先した制度であり、廃止が必要。（より根本は①の課税方式の変更）

〔所得税関連〕

⑦金融所得の優遇税制は、是正すべき

・所得再配分の必要性や「1億円の壁」問題が叫ばれながら、富裕層への金融課税の改正は先送りのまま。貧富の格差の解消に向けた是正が必要。

> ※『創業者一族等の節税策』、2023年から、是正が一部進む。
>
> ・【配当所得に関し、資産管理会社を絡ませ総合課税を免れ、申告不要や申告分離を選択】の節税策が、2023年10月以降から規制が強化される。
>
> ★改正の一因に、会計検査院の2020年度報告で具体的な指摘があった由。

（出典：国税庁「申告所得税標本調査」2020年分）

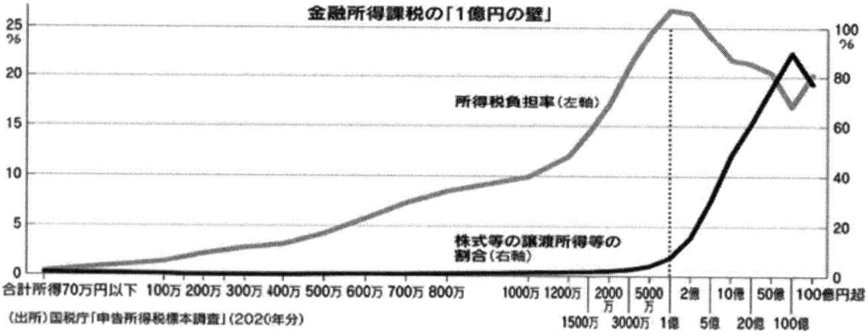

⑧会社員の年末調整は廃止し、確定申告を基本に

・多数の会社員の納税手続きは年末調整で完結してしまうため、税制に無頓着の風潮を生み、一方で近年の配偶者控除や基礎控除等の逓減・消失方式の導入で、雇用主は年末調整業務に忙殺されている。

・e-Taxでの申告の増加やギグワーカーや副業解禁等の最近の動向も踏まえると、年末調整を廃止し各自が確定申告を行うことを基本にした体制に早く移行していくべきである。

⑨マイホーム売却の譲渡損、〈条件をつけずに〉他の所得との損益通算を可能に

・地価は都心部を除き下落・低迷が続き、自宅売却時に譲渡損が生じるケースも多い。

・所得税では、自宅の買換えや住宅ローンの残高が多額のとき等でないと、給与所得等との損益通算は認められていない。

・適用条件が厳しすぎ、かつ証券税制の損益通算制度との対比でも、アンバランスな税制であり、改正が必要。

⑩介護費用や子育て費用の税制対応が必要

・所得税法の医療費控除制度では、老人が介護サービスを受けた中で医療行為に該当の部分は医療費控除の対象になるが、介護の部分は控除されない。

・共稼ぎ夫婦やシングルマザーが乳幼児の子育てに要する諸費用は、現

行の税制では考慮されていない。(ベビーシッター費用・保育園費用等)

・これらの費用を、所得控除か税額控除でカバーする施策の検討が必要。

⑪基礎控除・配偶者控除・扶養控除等の人的控除の見直しが必要

・家族や労働に関する社会・経済情勢は変化しており、これに関連して所得税法では、基礎控除額・給与所得控除額・調整控除額等の改正が2020年から施行されている。

・所得控除方式は、累進課税方式下では高所得者に有利に働く面があることから、扶養や障害者対策費用等は税制上の所得控除でなく、手当金の支給方式等への切り替えの検討が必要。

〔法人税・消費税等〕

⑫ 法人税の税率、今の単一税率のままで良いのか

・所得税法は超過累進税率方式だが、法人税率は単一税率の体系のまま。

・優良法人の多大な利益は企業努力の結果だが、従業員や取引先等に適切に分配されず、役員報酬や内部留保等に廻っており問題。

・一方で、最近のGAFA等への国際的な新課税ルールの中に「超過利益の一定率を市場国に配分する」との仕組みができつつある。

・法人所得の課税方法に、一定の超過累進税率の導入を検討すべき。

> ※ 2022年5月に、「与党税調が法人増税を検討」とのマスコミ報道が出た。
>
> ★グローバル競争を盾にした税率引下げ一辺倒から、少しは流れが変化してくるか。
>
> ✤ 米国や英国では、既に法人税率の引上げが実行段階に入っている。

⑬消費税の食料品等への8%軽減税率は廃止すべき

・逆進性の緩和策として8%の導入の由だが、高級食材も8%の一方で、生活必需品の水道代・電気代の10%は矛盾する。また巷間“イートイン脱税”なる珍現象や宅配新聞はドサクサ紛れで8%となっており、モヤモヤ感が拭えない。

・2023 年 10 月からのインボイス制度では、現場の事務処理が増々錯綜する。

・10% の単一税率とし、低所得者層対策は別途社会保障制度での対応を考えるべき。

⑭消費税の簡易課税制度、対象範囲を縮小すべし

・消費税が導入されて 30 余年経過しながら、益税問題がそのままになっている。

・パソコン会計が浸透中の現状等から、簡易課税制度の見直しが必要。

⑮消費税の「適格請求書等保存方式（インボイス制度）」は、見直しが必要

・一律・形式的な厳格性に重きを置きすぎ、中小企業者にとっては過大な事務負担になる。簡易で安価な電子インボイスの普及こそが先決。

・2023 年 10 月からの施行は延期し、制度全体の再構築を検討すべき。

〔そ の 他〕

⑯「政治と金」の問題、いつまでも手つかずは異常

・政治資金の一言でフリーパス。情報公開で指摘されると修正報告だけ。税法は国会で決まるため、政治家自身のお手盛りのザル法のまま。

・歳費（給与・期末手当）年間 2,200 万円＋文書通信交通滞在費 1,200 万円

（2021 年の参議院選挙の当選議員が、1 日だけの登院でも月額 100 万円満額の支給が問題視され 2022 年 4 月に改正法が成立したが、またもザル法。）

・領収書の保存や余剰金の返納等の肝心の点は手つかずで先送り！

★「宗教と金」も従来から種々の指摘があるが立ち消えであり、本格議論が必要。

⑰印紙税、いつまでも必要か

・デジタル化のもと、約束手形を廃止して電債で決済・電子契約書・電子決済など商習慣は大きく変化し、紙の契約書のスキャナ保存も可能になった。

・その中で完全アナログな収入印紙制度をいつまで続けるのか、大いに

疑問。

⑱会計検査院の機能をもっと充実させるべし　☞ P143

・独立した存在の会計検査院は、行政それぞれの組織の予算と実績を実証チェックし、その結果は毎年マスコミ報道や、各地の図書館に備置の『会計検査事例 100 選』書籍で公表されている。

・税制や税務の執行状況に関する指摘も多々掲載されており、会計検査院の機能を充実させていくことが、税務行政のみならず国政全般への改善の突破口となることを期待する。

⑲ DX をキィにして「社会保障と税の一体改革」を推進しなおすべし

・2000 年に標記スローガンのもと、〔消費税＋介護保険制度〕が導入されたが、介護保険や高齢者医療保険等は継ぎ足し的な制度設計であり、行政コストもかさみ分かりづらい。またそれぞれの保険料の徴収方法や窓口負担割合も部分的改正が続き、国民にとって分かりづらい。

第 2 節　親子・相続等に関する世の動向

親子や男女関係絡みの話題に下記があり、昭和・平成の時代感覚と大きなギャップがある。

“神の領域”レベルのものもあり、法務・税務にとっても重たい課題と思われる。

具体事例	あ　ら　ま　し
a **尊　厳　死** 　**安　楽　死**	命は誰のものか・延命治療・ターミナルケア・ホスピス・看取り等 ※延命治療・終末治療等とどう向き合っていくか。法的な論点も多い。
b **冷凍精子出産**	・性別変更前に自分の精子を冷凍保存→女性に性別変更→女性パートナーが出産→（現）女性が親子関係の成立を求めて国を訴え（2021 年 8 月）

c **ゲノム編集**	・人間の設計図であるゲノムを自在に編集する技術で、2018年には中国の科学者がゲノム編集した受精卵から双子を誕生させたと発表
d **選択的夫婦別姓**	・A説：「夫婦同姓は日本の伝統的な家族観に基づく」…別姓に反対 B説：改姓でキャリアが分断・アイデンティティの喪失…別姓派 ※なお2019年11月から住民票等で「旧姓の併記」が可能に。半歩だけ前進
★別姓不可は日本だけ。フランスは結合姓も可、ドイツは同姓・別姓・姓を変更の場合は結合姓も可	
e **同性婚** **パートナーシップ**	・同性カップルを公的に認める「同性パートナーシップ制度」導入の自治体が漸増中だが、今は相続権や所得税上の配偶者控除等は対象外。 ※憲法§24･改正議論の中に「両性の合意」→「両者の…」とする案がある。
f **女性の再婚禁止期間の撤廃・嫡出推定**	・女性の離婚後の再婚禁止期間（民法§733）や、離婚後に出生の子の嫡出推定等に関する改正要綱が2022年4月に固まり、2022年中の成立の見込み。
g **LGBT理解増進法**	・性的指向および性同一性に関する国民の理解増進に関する法律案は2022年9月現在、未成立（差別禁止の規定は盛り込まれておらず） ※2021年オリンピックでトランスジェンダー選手（男→女性で出場）⇒生々しい実例が出てきている。
h **共同親権制度**	・離婚すると未成年の子は、夫・妻のいずれか一方の単独親権に服するが、共同親権も選べる改正案が出ているが、まだまだ流動的。

なお相続法制等については、法務省（法制審議会等）で下記テーマ等についても、審議が行われている由。

㋐配偶者の相続分のあり方 婚姻年数の長短や子の数の多少に応じて検討すべきでないか。 相続財産から一定額を生存配偶者に先取りさせてはどうか。 ㋑配偶者がいる場合、兄弟姉妹には相続権は０としてはどうか。 ㋒配偶者に代襲相続権（亡夫に代わって相続権を持つ）を認めてはどうか。 夫の死亡時に夫の親は健在、その後親の相続発生時に嫁は法定相続人ではないため、いくら親の介護等に尽くしていても親の遺産分割には関与できない。 （この救済策として2019年に「特別の寄与」制度ができたが、条件が厳しい） ㋓嫡出や第三者提供精子・生殖補助医療等に関する検討 ㋔成年後見制度の柔軟対応の検討（限定後見等）

第３節　近未来の経済社会の変化の予測

(1)　近未来の社会

・「人生100年時代」では昭和時代とは経済社会が大きく変わり、家族・相続等の姿も様変わりしている。
長生きとは言え、ピンピンコロリの前段階に、認知症・要介護の長いトンネル！

	昭和　～　平成の時代	**令和 そして 今後の時代**
全　体	日本国内・日本人・日本語・日本の物差し	**完全ボーダレス・ネット語・グローバル基準**
会計・税務	日商簿記・財務諸表・申告・元帳は全て紙	DX →瞬時に財務諸表→電子化・クラウド保管
国際税務	国に課税権→税率引下げ競争。GAFA の独壇場	G20 で新秩序構想（2024 年以降に延期か）
商 取 引	紙の請求書・領収書と保管場所の確保	2023 年消費税インボイス導入⇒商取引の DX 化
手形決済	約束手形決済→“でんさい”の普及	手形交換所 2022 年電子化→ 2026 年手形廃止
戸籍関連	紙ベースで各地方自治体ごとに保管	電子化→死亡通知・資産情報等も即国税庁に。
民事裁判	紙と当事者の裁判所出頭。判決まで長期間	オンライン・Web 利用。判決まで 7 か月に。
神社仏閣	お賽銭（小銭・お札を厳かに）	電子マネー（スマホをかざして）
定年制度	1970 年当時 55 歳→ 1998 年 60 歳→ 2006 年 65 歳	65 歳まで義務化、70 歳までの就業確保努力義務
民法規定	〈厳然とした社会規範でもあるが……〉	選択的夫婦別姓・同性婚・LGBT…まだまだ？
相続事情	配偶者（婚姻届出主義）・兄弟姉妹にも相続権	自分の最後の意思＝遺志は遺言書で表明
認知症人数	2012年 462万人→ 2020年 631万人	予測：2025年 730万人→ 2030年 830万人→……

人口動態	出生数：人　死亡数：人 1949年（S24年）　2,696,638　945,444	出生数：人　死亡数：人 2021年（R4年）　811,604　1,439,809
老　後	PPK ピンピンコロリ⇒跡始末は子供。	n.（認知症）h.（百歳）k.（介護）

(2) 税務行政の DX（参考情報）（「国税庁レポート 2022」P8 抜粋）

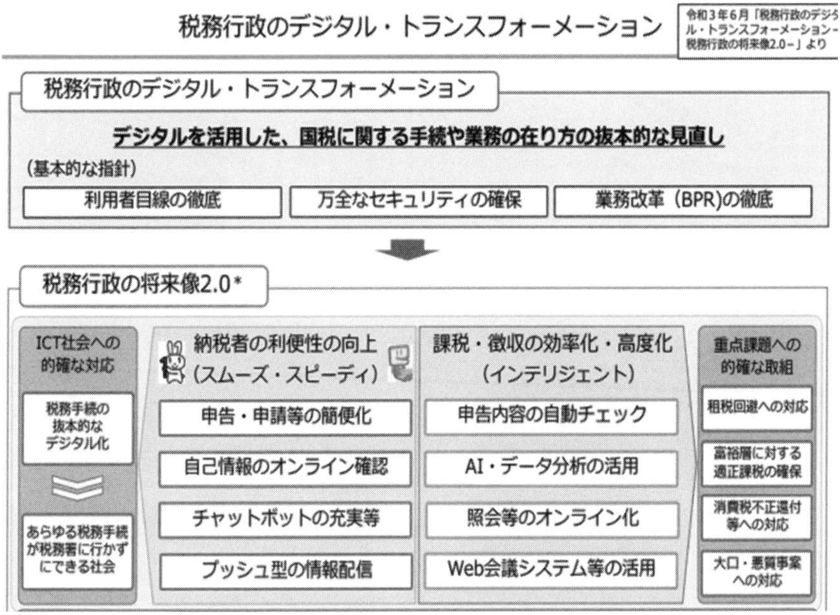

コラム

著名人のサイン

お二人の講演会に参加したときに、筆者が頂いたサインです。

日野原　重明氏

元 聖路加病院院長（102 歳時のサイン）
2017 年に 105 歳で逝去

「百歳になった私だって、未来のことを考えるとワクワクします。さぁ、自分の手で未来への扉をあけましょう」

瀬戸内　寂聴氏

作家（95 歳時のサイン）
2021 年 11 月に 99 歳で逝去

「生きるということは、死ぬ日まで自分の可能性をあきらめず、与えられた才能や日々の仕事に努力しつづけることです」

長生きの著名人（…没年・享年…歳）

- ・ジャンヌ・カルマン（フランス女性、1997 年・122 歳。過去最高齢）
- ・ぎんさん（2001 年・108 歳）、きんさん（2000 年・107 歳）
- ・平櫛 田中（1979 年・107 歳）
- ・日野原 重明（2017 年・105 歳）
- ・瀬戸内 寂聴（2021 年・99 歳）
- ・エリザベス女王（英国、2022 年・96 歳）

第9章　参考資料

資料 1-1　エンディングノート

記入日　　　　年　　月　　日

第1章　わたしについて

※該当するところに☑で記入しましょう

1 基本情報

氏　名

生年月日　　　　年　　月　　日　　血液型　　型

現住所 〒

電　話　　携帯電話

本籍地

（筆頭者）

◎緊急連絡先1

氏　名　　続柄

住　所　　電話

◎緊急連絡先2

氏　名　　続柄

資料1-2　エンディングノート

記入日　　　年　　月　　日

親戚・友人について

氏名　　　　　　　　　　　続柄

住所　〒　　　　　　　　　電話

入院時の連絡　□する　□しない　□どちらでもよい

訃報の連絡　□する　□しない　□どちらでもよい

氏名　　　　　　　　　　　続柄

住所　〒　　　　　　　　　電話

記入日　　　年　　月　　日

◎延命治療について

□最期まで、できる限り延命治療をしてほしい

□苦痛を和らげる緩和的医療を希望する

□延命治療は望まない

□尊厳死を希望し、書面を作成している（保管場所：　　　　）

◎自分が判断できなくなったとき、意見を尊重してほしい人

	名前	続柄	連絡先
第一希望			
第二希望			

◎献体・臓器提供について

□献体の登録をしている（登録先:　　　　連絡先:　　　　）

□臓器提供意思表示カードを持っている（保管場所:　　　　）

□献体・臓器提供どちらも希望しない

□その他（　　　　）

◎その他介護や医療について記しておきたいこと

資料1-3　エンディングノート

第3章　財産のことについて

※該当するところに☑で記入しましょう

◎認知症になったときの財産管理について

□配偶者（名前：　　　　　　　　　　　　　　　　　）に任せる

□子ども（名前：　　　　　　　　　　　　　　　　　）に任せる

□その他（名前：　　　　　　　　　　　　　　　　　）に任せる

□任意後見契約を結んでいる

□成年後見制度を利用したい

◎年金について

名　称	番号・記号・その他	備　考

◎預貯金

金融機関	支　店	種　類	口座番号

◎定期的な支出

内　容	金額/月	支払方法	支 払 先	連絡先・顧客番号等
家　賃				
電　気				
ガ　ス				
水　道				
電　話				

資料 1-4　エンディングノート

◎保険　□あり　□なし

保険会社 商品名・種類	証券番号 契約者	受取人 指定代理人	担当 連絡先

◎不動産　□あり　□なし

種　類：　　名義人：　　□抵当権あり　□抵当権なし

所在地：　　面　積：

種　類：　　名義人：　　□抵当権あり　□抵当権なし

所在地：　　面　積：

種　類：　　名義人：　　□抵当権あり　□抵当権なし

◎遺言書の作成について　□あり　□なし

作成年月日：　　年　　月　　日　　保管場所：

種　　類：□自筆　□公正証書　□その他（　　　　）

遺言執行者：名　前

住　所

連絡先

◎その他、財産に関することで記しておきたいこと

資料1-5　エンディングノート

◎葬儀等にかかる費用について

□年金や預貯金を費用にあててほしい

□保険金などをあててほしい

□家族・親族に任せる

□その他（　　　　　　　　　　　　　　　　　　　　　　　　　　）

◎喪主・施主

□決めている（名前：　　　　　　　　　　　　　　　　　　　　　）

□家族・親族に任せる

□その他（　　　　　　　　　　　　　　　　　　　　　　　　　　）

◎遺影

□決めている（保管場所：　　　　　　　　　　　　　　　　　　　）

□家族・親族に任せる

第5章　個人情報について

◎携帯電話

契約会社：	名義人：
電話番号：	メールアドレス：
備考（データ削除の希望等）：	
契約会社：	名義人：
電話番号：	メールアドレス：
備考（データ削除の希望等）：	
契約会社：	名義人：
電話番号：	メールアドレス：
備考（データ削除の希望等）：	

◎パソコン

メーカー：	ログインパスワード：
プロバイダー：	連絡先：
メールアドレス：	
備考（データ削除の希望等）：	

資料1-6　エンディングノート

◎WEBサイトやSNSのアカウント

サイト名

ID　　登録メールアドレス

パスワード　　備考

サイト名

ID　　登録メールアドレス

パスワード　　備考

サイト名

ID　　登録メールアドレス

パスワード　　備考

サイト名

記入日　　年　　月　　日

大切な人へのメッセージ

資料２　遺産分割協議書……横書きでもよい。

遺産分割協議書

被相続人朝日太郎（令和三年一月二十三日死亡　住所武蔵野市南北町四丁目八番地）の遺産については、同人の相続人の全員において分割協議を行った結果、各相続人がそれぞれ次のとおり遺産を分割し、取得することに決定した。

一　相続人朝日花子が取得する財産

(1) 武蔵野市南北町四丁目八番
　宅地　参百弐拾八平方メートル
(2) 右同所同番地　家屋番号八番
　木造瓦葺平屋建　居宅　床面積九拾九平方メートル
(3) 右居宅内にある家財一式
(4) ○○電力株式会社の株式　壱千株
(5) 株式会社○○製作所の株式　壱千五百株
(6) ……

二　相続人朝日一郎が取得する財産

(1) 株式会社朝日商店の株式　四万五千株
(2) ○○銀行○○支店の被相続人朝日太郎名義の定期預金
　壱口　八百万円
(3) ……

三　相続人朝日次郎が取得する財産

(1) 株式会社朝日商店の株式　四万株
(2) ○○信託銀行○○支店の被相続人朝日太郎名義の定期預金　壱口　参百五拾万円
(3) 洋画○○作「風景」ほか四点
(4) ……

四　相続人夏野春子が取得する財産

(1) 国分寺市東西町五丁目六番
　宅地　八拾九平方メートル
(2) ○○社債　券面額　六百万円
(3) 現金　七拾万円
(4) ……

五　相続人朝日一郎は、被相続人朝日太郎の次の債務を継承する

○○銀行○○支店からの借入金

右のとおり相続人全員による遺産分割の協議が成立したので、これを証するため本書を作成し、左に各自署名押印する。

令和三年五月七日

武蔵野市南北町四丁目八番地
相続人　朝日花子　印

武蔵野市南北町四丁目八番地
相続人　朝日一郎　印

武蔵野市南北町四丁目八番地
相続人　朝日次郎　印

三鷹市上下弐丁目五番地
朝日次郎の特別代理人　山野太郎　印

国分寺市東西町五丁目六番地
相続人　夏野春子　印

資料3　自筆証書遺言書

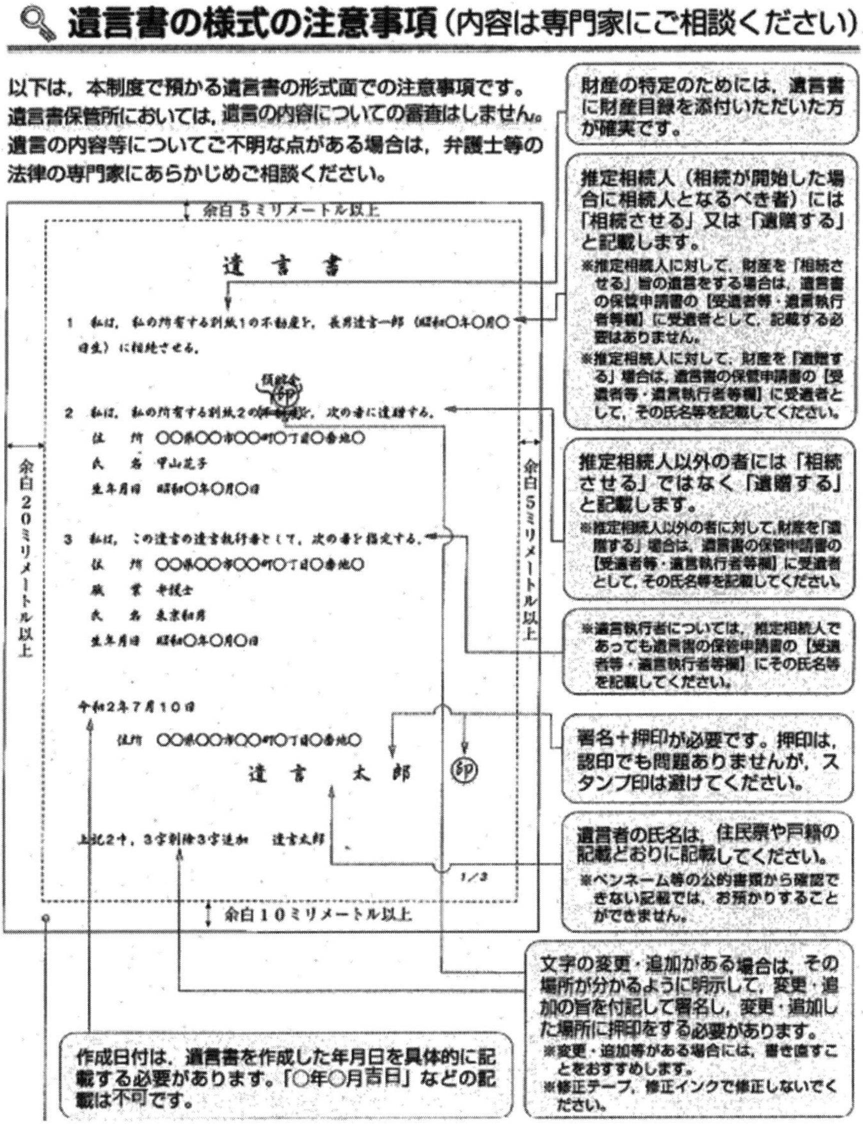

遺言書の様式の注意事項（内容は専門家にご相談ください）

以下は，本制度で預かる遺言書の形式面での注意事項です。遺言書保管所においては，遺言の内容についての審査はしません。遺言の内容等についてご不明な点がある場合は，弁護士等の法律の専門家にあらかじめご相談ください。

余白5ミリメートル以上

遺　言　書

1　私は，私の所有する別紙1の不動産を，長男遺言一郎（昭和〇年〇月〇日生）に相続させる。

2　私は，私の所有する別紙2の~~預貯金~~を，次の者に遺贈する。（預貯金　印）

住　所　〇〇県〇〇市〇〇町〇丁目〇番地〇

氏　名　甲山花子

生年月日　昭和〇年〇月〇日

3　私は，この遺言の遺言執行者として，次の者を指定する。

住　所　〇〇県〇〇市〇〇町〇丁目〇番地〇

職　業　弁護士

氏　名　東京和男

生年月日　昭和〇年〇月〇日

令和2年7月10日

住所　〇〇県〇〇市〇〇町〇丁目〇番地〇

遺　言　太　郎　㊞

上記2中，3字削除3字追加　遺言太郎

1/2

余白20ミリメートル以上

余白5ミリメートル以上

余白10ミリメートル以上

財産の特定のためには，遺言書に財産目録を添付いただいた方が確実です。

推定相続人（相続が開始した場合に相続人となるべき者）には「相続させる」又は「遺贈する」と記載します。
※推定相続人に対して，財産を「相続させる」旨の遺言をする場合は，遺言書の保管申請書の【受遺者等・遺言執行者等欄】に受遺者として，記載する必要はありません。
※推定相続人に対して，財産を「遺贈する」場合は，遺言書の保管申請書の【受遺者等・遺言執行者等欄】に受遺者として，その氏名等を記載してください。

推定相続人以外の者には「相続させる」ではなく「遺贈する」と記載します。
※推定相続人以外の者に対して，財産を「遺贈する」場合は，遺言書の保管申請書の【受遺者等・遺言執行者等欄】に受遺者として，その氏名等を記載してください。

※遺言執行者については，推定相続人であっても遺言書の保管申請書の【受遺者等・遺言執行者等欄】にその氏名等を記載してください。

署名＋押印が必要です。押印は，認印でも問題ありませんが，スタンプ印は避けてください。

遺言者の氏名は，住民票や戸籍の記載どおりに記載してください。
※ペンネーム等の公的書類から確認できない記載では，お預かりすることができません。

文字の変更・追加がある場合は，その場所が分かるように明示して，変更・追加の旨を付記して署名し，変更・追加した場所に押印をする必要があります。
※変更・追加等がある場合には，書き直すことをおすすめします。
※修正テープ，修正インクで修正しないでください。

作成日付は，遺言書を作成した年月日を具体的に記載する必要があります。「〇年〇月吉日」などの記載は不可です。

資料 4-1　自筆証書遺言書の検認申立書

受付印	**家事審判申立書　事件名（　遺言書の検認　）**
収入印紙　円 予納郵便切手　円 予納収入印紙　円	（この欄に申立手数料として1件について８００円分の収入印紙を貼ってください。） 印紙 （貼った印紙に押印しないでください。） （注意）登記手数料としての収入印紙を納付する場合は，登記手数料としての収入印紙は貼らずにそのまま提出してください。

準口頭		関連事件番号　平成・令和　　年（家　　）第　　号

○○　家庭裁判所 御中 令和 ○ 年 ○ 月 ○ 日	申立人 （又は法定代理人など） の記名押印	甲　野　一　郎　㊞

添付書類	※　標準的な申立添付書類については，裁判所ウェブサイトの「手続の概要と申立ての方法」のページ内の「申立てに必要な書類」欄を御覧ください。

申立人	本籍 （国籍）	（戸籍の添付が必要とされていない申立ての場合は，記入する必要はありません。） ○○　都道府㊌　○○市○○町○丁目○番地
	住所	〒 ○○○ － ○○○○　電話 ○○○（○○○）○○○○ ○○県○○市○○町○丁目○番○号 （　　方）
	連絡先	〒　－　電話（　） （注：住所で確実に連絡ができるときは記入しないでください。） （　　方）
	フリガナ 氏名	コウノ　イチロウ 甲野一郎 昭和・平成・令和 ○ 年 ○ 月 ○ 日生（ ○○ 歳）
	職業	会社員
※ 遺言者	本籍 （国籍）	（戸籍の添付が必要とされていない申立ての場合は，記入する必要はありません。） ○○　都道府㊌　○○市○○町○丁目○○番地
	最後の住所	〒　－　電話（　） 申立人の住所と同じ （　　方）
	連絡先	〒　－　電話（　） （　　方）
	フリガナ 氏名	コウノ　タロウ 甲野太郎 昭和・平成・令和 ○ 年 ○ 月 ○ 日生（　　歳）
	職業	

資料 4-2　自筆証書遺言書の検認申立書

申　立　て　の　趣　旨
遺言者の自筆証書による遺言書の検認を求めます。

申　立　て　の　理　由
1　申立人は，遺言者から，平成○年○月○日に遺言書を預かり，申立人の自宅金庫に保管してい
ました。
2　遺言者は，令和○年○月○日に死亡しましたので，遺言書（封印されている）の検認を求めま
す。なお，相続人は別紙の相続人目録のとおりです。

（別紙）

※ 相続人	本　籍	○○　都道府県　○○市○○町○丁目○番地	
	住　所	〒 ○○○ －○○○○ ○○県○○市○○町○番○号　○○アパート○○号室 （　　　方）	
	フリガナ 氏　名	甲野《コウノ》　次郎《ジロウ》	昭和 平成　○年　○月　○日生 令和 （　○　歳）
※ 相続人	本　籍	○○　都道府県　○○郡○○町○○××番地	
	住　所	〒 ○○○　－○○○○ ○○県○○郡○○町○○××番地 （　　　方）	
	フリガナ 氏　名	乙野《オツノ》　花子《ハナコ》	昭和 平成　○年　○月　○日生 令和 （　○　歳）
※			

資料5-1　遺産分割調停の申立書

○ 遺産分割審判・調停申立書 記入例

この申立書の写しは，法律の定めにより，申立ての内容を知らせるため，相手方に送付されます。

受付印 申立書を提出する裁判所 作成年月日	遺産分割　☑ 調停　☐ 審判　申立書
収入印紙　円 予納郵便切手　円	（この欄に申立て1件あたり収入印紙1，200円分を貼ってください。） 印紙 （貼った印紙に押印しないでください。）

○○　家庭裁判所 御中 令和 ○ 年 ○月 ○ 日	申立人（又は法定代理人など）の記名押印	乙野春子　印

添付書類	（審理のために必要な場合は，追加書類の提出をお願いすることがあります。） ☑ 戸籍（除籍・改製原戸籍）謄本（全部事項証明書）　合計 ○ 通 ☑ 住民票又は戸籍附票　合計 ○ 通　☑ 不動産登記事項証明書　合計 ○ 通 ☑ 固定資産評価証明書　合計 ○ 通　☑ 預貯金通帳写し又は残高証明書　合計 ○ 通 ☑ 有価証券写し　合計 ○ 通　☐	準口頭

当事者		別紙当事者目録記載のとおり	
被相続人	最後の住所	○○　都道府県（県に丸）　○○市○○町○番○号	
	フリガナ 氏名	コウヤマ タロウ 甲山太郎	平成／令和（令和に丸）　○ 年 ○ 月 ○ 日死亡

申立ての趣旨
☑ 被相続人の遺産の全部の分割の（☑ 調停 ／ ☐ 審判）を求める。
☐ 被相続人の遺産である別紙遺産目録記載の財産のうち，次の遺産の分割の（☐ 調停 ／ ☐ 審判）を求める。※1 【土地】…………　【建物】………… 【預・貯金】…………　【現金，株式等】…………

申立ての理由	
遺産の種類及び内容	別紙遺産目録記載のとおり
特別受益 ※2	☑ 有 ／ ☐ 無 ／ ☐不明
事前の遺産の一部分割 ※3	☑ 有 ／ ☐ 無 ／ ☐不明
事前の預貯金債権の行使 ※4	☑ 有 ／ ☐ 無 ／ ☐不明
申立ての動機	☑ 分割の方法が決まらない。 ☐ 相続人の資格に争いがある。 ☐ 遺産の範囲に争いがある。 ☐ その他（…………）

資料 5-2　遺産分割調停の申立書

○ 当事者目録 記入例

申立書の写しは相手方に送付されますので，あらかじめご了承ください。

この申立書の写しは，法律の定めにより，申立ての内容を知らせるため，相手方に送付されます。

当　事　者　目　録

区別	項目	記入内容	生年月日
☑ 申立人　☐ 相手方	住　所	〒000－0000 〇〇県〇〇市〇〇町〇番〇号　〇〇アパート〇号 （　　方）	
	フリガナ 氏　名	オ ツ ノ　ハ ル コ 乙　野　春　子	大正 (昭和) 平成 令和　〇年〇月〇日生 （〇〇歳）
	被相続人との続柄	長 女	
☐ 申立人　☑ 相手方	住　所	〒000－0000 東京都〇〇区〇〇町〇番〇号 （　　方）	
	フリガナ 氏　名	コ ウ ヤ マ　ハ ナ コ 甲　山　花　子	大正 (昭和) 平成 令和　〇年〇月〇日生 （〇〇歳）
	被相続人との続柄	妻	
☐ 申立人　☑ 相手方	住　所	〒000－0000 東京都〇〇区〇〇町〇番〇号　〇〇ハイツ101 （　　方）	
	フリガナ 氏　名	コ ウ ヤ マ　ナ ツ オ 甲　山　夏　夫	大正 (昭和) 平成 令和　〇年〇月〇日生 （〇〇歳）
	被相続人との続柄	長 男	

申立人と相手方（申立人以外の共同相続人全員）の区別を明らかにした上，該当する当事者全員を記入してください。

裁判所から連絡をとれるように正確に記入してください。ご不明な点があれば，申立書を提出される裁判所にお問い合わせください。

資料 6-1　相続放棄申述書

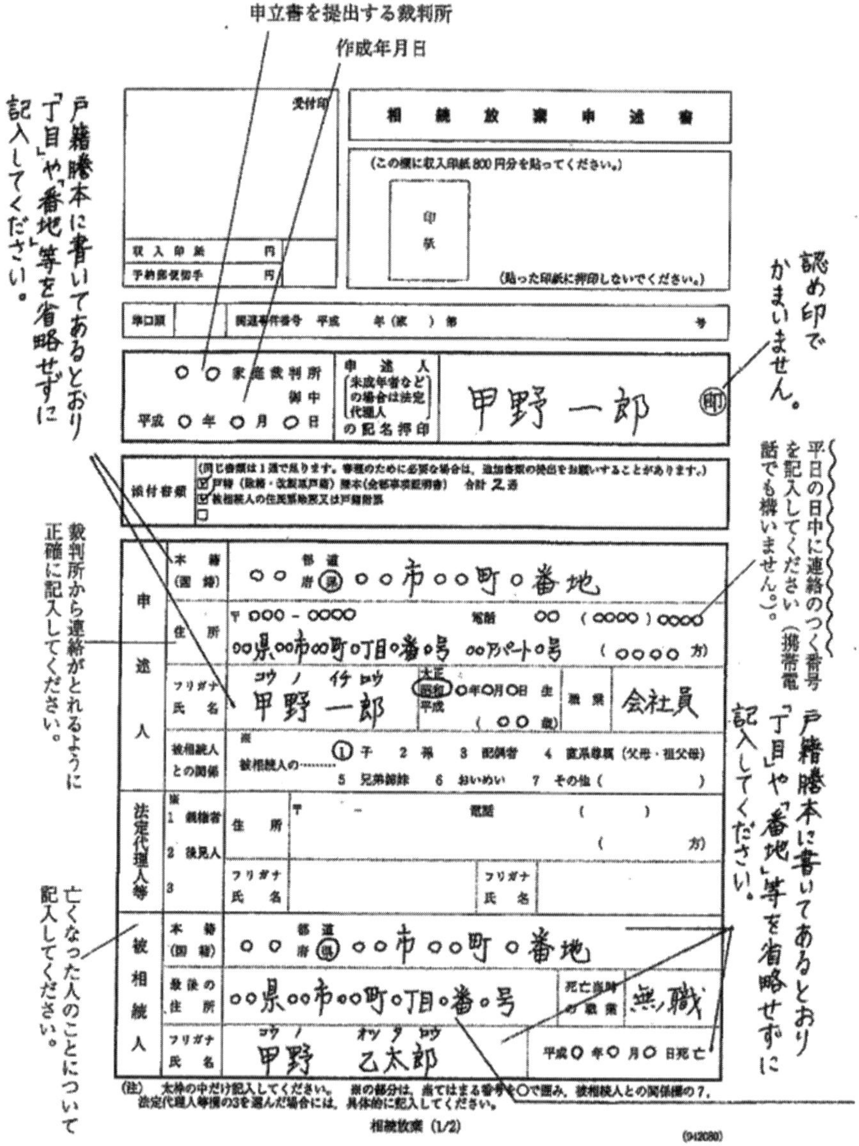

資料 6-2　相続放棄申述書

「4その他」にマルをつける場合は（　　）の部分に「債権者○○から通知書が届いた日」など，相続の開始を知った日の説明を具体的に記入してください。

申　述　の　趣　旨
相続の放棄をする。

申　述　の　理　由
※　相続の開始を知った日……平成　○年　○月　○日 ①　被相続人死亡の当日　　3　先順位者の相続放棄を知った日 2　死亡の通知をうけた日　　4　その他（　　　）

放棄の理由	相続財産の概略		
※ 1　被相続人から生前に贈与を受けている。 2　生活が安定している。 3　遺産が少ない。 4　遺産を分散させたくない。 ⑤　債務超過のため。 6　その他〔　　　〕	資産	農地……約 なし 平方メートル 山林……約 なし 平方メートル 宅地……約 なし 平方メートル 建物……約 20 平方メートル	現金 預貯金……約 不明 万円 有価証券……約 100 万円
	負債……約 1,000 万円		

亡くなった人が残した財産（負債を含む。）について記入してください。

（注）　太枠の中だけ記入してください。　※の部分は，当てはまる番号を○で囲み，申述の理由欄の４，放棄の理由欄の６を選んだ場合には，（　　）内に具体的に記入してください。

1～5に該当しないときはここに記入してください。

資料7-1　相続についてのお尋ね

記載例　　**相続についてのお尋ね（相続税申告の簡易判定シート）**

（注）　記入欄に書ききれない場合には、適宜の用紙に記載願います。　　名簿番号

1　亡くなられた方の住所、氏名（フリガナ）、生年月日、亡くなられた日を記入してください。

住所	氏名	生年月日	亡くなられた日
東京都○○区○○○3丁目1番1号	（コクゼイ タロウ）国税 太郎	昭和 16年 10月 19日	平成 26年 5月 10日

2　亡くなられた方の職業及びお勤め先の名称を「亡くなる直前」と「それ以前（生前の主な職業）」に分けて具体的に記入してください。

亡くなる直前：　無職　（お勤め先等の名称：－　）
それ以前（生前の主な職業）：　会社役員　（お勤め先等の名称：○○商事㈱　）

3　相続人の方は何人いらっしゃいますか。その方の住所、氏名と亡くなられた方との続柄を記入してください。

（フリガナ）相続人の氏名	続柄	（フリガナ）相続人の氏名	続柄
①（コクゼイ ハナコ）国税 花子	妻	④（　　）	
②（コクゼイ イチロウ）国税 一郎	長男	⑤（　　）	
③（ゼイム サチコ）税務 幸子	長女	相続人の数	Ⓐ 3 人

（注）　相続を放棄された方がおられる場合には、その方も含めて記入をお願いします。

4　亡くなられた方（又は先代名義）の不動産がありましたら、土地、建物の別に記入してください。

種類	所在地	イ 面積(㎡)	ロ 路線価等（注1、2）	ハ 倍率（注2）	ニ 評価額の概算（注3）
① 土地	東京都○○区○○○3丁目1番1号	150	300,000		4,500 万円
② 土地	○○県○○市○○町161番地	400	18,000,000	1.1	1,980 万円
③ 家屋	東京都○○区○○○3丁目1番1号	80	12,200,000	1.0	1,220 万円
④					万円
				合計額	Ⓑ 7,700 万円

（注）1　ロ欄は、土地について路線価が定められている地域は路線価を記入し、路線価が定められていない地域は固定資産税評価額を記入してください。また、建物は固定資産税評価額を記入してください。
2　土地に係るロ欄の路線価又はハ欄の倍率は、国税庁ホームページ【www.rosenka.nta.go.jp】で確認することができます。なお、路線価図は千円単位で表示されています。また、建物に係るハ欄の倍率は1.0倍です。
3　ニ欄は、次により算出された金額を記入してください。
《ロ欄に路線価を記入した場合》ロの金額×イの面積(㎡)
《ロ欄に固定資産税評価額を記入した場合》ロの金額×ハの倍率（建物は1.0倍）

5　亡くなられた方の株式、公社債、投資信託等がありましたら記入してください（亡くなられた日現在の状況について記入をお願いします。）。

銘柄等	数量(株、口)	金額	銘柄等	数量(株、口)	金額
① ○○商事㈱	100	250 万円	④		万円
② ○○建設㈱	20	400 万円	⑤		万円
③ 10年利付国債第○回		100 万円		合計額	Ⓒ 750 万円

6　亡くなられた方の現金、預貯金について記入してください（亡くなられた日現在の状況について記入をお願いします。）。

預入先（支店名を含む）	金額	預入先（支店名を含む）	金額
① 現金	100 万円	④ △△信託銀行△△支店	250 万円
② ○○銀行○○支店	1,000 万円	⑤	万円
③ ××銀行××支店	700 万円	合計額	Ⓓ 2,050 万円

資料 7-2　相続についてのお尋ね

7　相続人・相続人以外の方が受け取られた生命保険金、損害保険金や死亡退職金について記入してください。

保険会社又は支払会社等	金　額	保険会社又は支払会社等	金　額
①　○○生命保険㈱	1,000 万円	③	万円
②　××生命保険㈱	500 万円	合計額	Ⓔ　1,500 万円

8　亡くなられた方から、相続時精算課税を適用した財産の贈与を受けた方がおられる場合、その財産について記入してください。

贈与を受けた方の氏名	財産の種類	金　額	贈与を受けた方の氏名	財産の種類	金　額
①　国税　一郎	現金	800 万円	③		万円
②		万円		合計額	Ⓕ　800 万円

9　亡くなられた方から、亡くなる前3年以内に、上記8以外の財産の贈与を受けた方がおられる場合、その財産について記入してください。

贈与を受けた方の氏名	財産の種類	金　額	贈与を受けた方の氏名	財産の種類	金　額
①　税務　幸子	現金	500 万円	③		万円
②		万円		合計額	Ⓖ　500 万円

10　亡くなられた方に債務（借入金等）などがある場合、その債務について記入してください。また、葬式費用について記入してください。

借入先など債権者の住所（所在）と氏名（名称）	金　額	借入先など債権者の住所（所在）と氏名（名称）	金　額
①　26年度分固定資産税	25 万円	④	万円
②　26年度分住民税	10 万円	⑤　葬式費用の概算	265 万円
③	万円	合計額	Ⓗ　300 万円

（注）　亡くなられた方に未納となっている税金がある場合には、その内容も併せて記入をお願いします。

11　相続税の申告書の提出が必要かどうかについて検討します（概算によるものですので、詳細については税務署にお尋ねください。）。

Ⓑの金額	7,700 万円	（Ⓘ−Ⓗ）の金額 ※赤字のときはゼロ	Ⓙ　12,500 万円
Ⓒの金額	750 万円	（Ⓙ+Ⓖ）の金額	Ⓚ　13,000 万円
Ⓓの金額	2,050 万円	基礎控除額の計算 5,000万円 ＋（Ⓐ 3 人×1,000万円）＝	Ⓛ　8,000 万円
Ⓔの金額	1,500 万円	（Ⓚ−Ⓛ）の金額	Ⓜ　5,000 万円
Ⓕの金額	800 万円	Ⓜの金額　（黒字である場合）相続税の申告が必要です。 （赤字である場合）相続税の申告は不要です。	
ⒷからⒻの合計額	Ⓘ　12,800 万円	※　あくまでも概算による結果ですので、Ⓚの金額とⓁの金額の差が小さい場合には、申告の要否について更に検討する必要があります。 また、相続人が取得した「生命保険金」や「退職金」のうち、一定の金額までは非課税となります。 ※　国税庁ホームページ【www.nta.go.jp】には、相続税に関する具体的な計算方法や申告の手続などの詳しい情報を記載した「相続税の申告のしかた」を掲載しておりますのでご利用ください。	

以上のとおり回答します。 平成●年●月●日 住　所　東京都○○区○○○3丁目1番1号 氏　名　国税　花子　　電話番号　XX−XXXX−XXXX	作成税理士の氏名、事務所所在地、電話番号

資料 8-1　相続税の申告書

相続税の申告書

FD3561

＿＿＿＿税務署長
＿＿年＿＿月＿＿日提出

相続開始年月日　　年　月　日

※申告期限延長日　　年　月　日

○フリガナは、必ず記入してください。

		各人の合計	財産を取得した人	参考として記載している場合
フリガナ		(被相続人)		
氏名				参考
個人番号又は法人番号			↓個人番号の記載に当たっては、左端を空欄としここから記入してください。	
生年月日		年　月　日（年齢　歳）	年　月　日（年齢　歳）	
住所（電話番号）			〒（　－　－　）	
被相続人との続柄	職業			
取得原因		該当する取得原因を○で囲みます。	相続・遺贈・相続時精算課税に係る贈与	
※整理番号				
課税価格の計算	取得財産の価額（第11表③） ①	円	円	
	相続時精算課税適用財産の価額（第11の2表1⑦） ②			
	債務及び葬式費用の金額（第13表3⑦） ③			
	純資産価額（①＋②－③）（赤字のときは0） ④			
	純資産価額に加算される暦年課税分の贈与財産価額（第14表1④） ⑤			
	課税価格（④＋⑤）（1,000円未満切捨て） ⑥	000 Ⓐ	000	
各人の算出税額の計算	法定相続人の数　遺産に係る基礎控除額	人　000000 円 Ⓑ	左の欄には、第2表の②欄の⑪の人数及び⑫の金額を記入します。	
	相続税の総額 ⑦	00	左の欄には、第2表の⑧欄の金額を記入します。	
	一般の場合（⑩の場合を除く）　あん分割合（各人の⑥／Ⓐ） ⑧	1.00	.	
	一般の場合（⑩の場合を除く）　算出税額（⑦×各人の⑧） ⑨	円	円	
	農地等納税猶予の適用を受ける場合　算出税額（第3表⑥） ⑩			
	相続税額の2割加算が行われる場合の加算金額（第4表⑦） ⑪	円	円	
各人の納付・還付税額の計算	税額控除　暦年課税分の贈与税額控除額（第4表の2⑳） ⑫			
	税額控除　配偶者の税額軽減額（第5表㊀又は㊁） ⑬			
	税額控除　未成年者控除額（第6表1②、③又は⑥） ⑭			
	税額控除　障害者控除額（第6表2②、③又は⑥） ⑮			
	税額控除　相次相続控除額（第7表⑬又は⑱） ⑯			
	税額控除　外国税額控除額（第8表1⑧） ⑰			
	税額控除　計 ⑱			
	差引税額（⑨＋⑪－⑱）又は（⑩＋⑪－⑱）（赤字のときは0） ⑲			
	相続時精算課税分の贈与税額控除額（第11の2表1⑱） ⑳	00	00	
	医療法人持分税額控除額（第8の4表2B） ㉑			
	小計（⑲－⑳－㉑）（黒字のときは100円未満切捨て） ㉒			
	納税猶予税額（第8の8表⑧） ㉓	00	00	
	申告納税額（㉒－㉓）　申告期限までに納付すべき税額 ㉔	00	00	
	申告納税額（㉒－㉓）　還付される税額 ㉕	△	△	

第1表（平成31年1月分以降用）

※この申告書で 提出しない人 である場合（参考として記載している場合）は 参考 を○で囲んでください（その人の分は申告書とは取り扱いません。）。

（注）⑲欄の金額が赤字となる場合は、⑲欄の左端に△を付してください。なお、この場合で、⑲欄の金額のうちに贈与税の外国税額控除額（第11の2表1⑱）があるときの⑲欄の金額については、「相続税の申告のしかた」を参照してください。

※税務署

資料 8-2　相続税の申告書

相続税の総額の計算書

被相続人	

第2表（平成27年分以降用）

この表は、第1表及び第3表の「相続税の総額」の計算のために使用します。

なお、被相続人から相続、遺贈や相続時精算課税に係る贈与によって財産を取得した人のうちに農業相続人がいない場合は、この表の㋭欄及び㋬欄並びに⑨欄から⑪欄までは記入する必要がありません。

① 課税価格の合計額		② 遺産に係る基礎控除額		③ 課税遺産総額	
㋑（第1表 ⑥Ⓐ）	円 ,000	3,000万円＋（600万円×（Ⓐの法定相続人の数）㋺ 人）＝	㋩ 万円	㋥（㋑－㋩）	円 ,000
㋭（第3表 ⑥Ⓐ）	,000	㋺の人数及び㋩の金額を第1表⑧へ転記します。		㋬（㋭－㋩）	,000

④ 法定相続人（（注）1参照）		⑤ 左の法定相続人に応じた法定相続分	第1表の「相続税の総額⑦」の計算		第3表の「相続税の総額⑦」の計算	
氏名	被相続人との続柄		⑥ 法定相続分に応ずる取得金額（㋥×⑤）（1,000円未満切捨て）	⑦ 相続税の総額の基となる税額（下の「速算表」で計算します。）	⑨ 法定相続分に応ずる取得金額（㋬×⑤）（1,000円未満切捨て）	⑩ 相続税の総額の基となる税額（下の「速算表」で計算します。）
			円 ,000	円	円 ,000	円
			,000		,000	
			,000		,000	
			,000		,000	
			,000		,000	
			,000		,000	
			,000		,000	
			,000		,000	
			,000		,000	
法定相続人の数	Ⓐ 人	合計 1	⑧ 相続税の総額（⑦の合計額）（100円未満切捨て）	00	⑪ 相続税の総額（⑩の合計額）（100円未満切捨て）	00

（注）1　④欄の記入に当たっては、被相続人に養子がある場合や相続の放棄があった場合には、「相続税の申告のしかた」をご覧ください。

2　⑧欄の金額を第1表⑦欄へ転記します。財産を取得した人のうちに農業相続人がいる場合は、⑧欄の金額を第1表⑦欄へ転記するとともに、⑪欄の金額を第3表⑦欄へ転記します。

資料8-3　相続税の申告書

配偶者の税額軽減額の計算書

被相続人	

第5表（平成21年4月分以降用）

私は、相続税法第19条の2第1項の規定による配偶者の税額軽減の適用を受けます。

1　一般の場合（この表は、①被相続人から相続、遺贈や相続時精算課税に係る贈与によって財産を取得した人のうちに農業相続人がいない場合又は②配偶者が農業相続人である場合に記入します。）

課税価格の合計額のうち配偶者の法定相続分相当額	（第1表のⒶの金額）〔配偶者の法定相続分〕 ,000円×□＝円 上記の金額が16,000万円に満たない場合には、16,000万円	㋑※　円

配偶者の税額軽減額を計算する場合の課税価格	①分割財産の価額（第11表の配偶者の①の金額）	分割財産の価額から控除する債務及び葬式費用の金額 ②債務及び葬式費用の金額（第1表の配偶者の③の金額）	③未分割財産の価額（第11表の配偶者の②の金額）	④（②－③）の金額（③の金額が②の金額より大きいときは0）	⑤純資産価額に加算される暦年課税分の贈与財産価額（第1表の配偶者の⑤の金額）	⑥（①－④＋⑤）の金額（⑤の金額より小さいときは⑤の金額）（1,000円未満切捨て）
	円	円	円	円	円	※　円 ,000

⑦相続税の総額（第1表の⑦の金額）	⑧㋑の金額と⑥の金額のうちいずれか少ない方の金額	⑨課税価格の合計額（第1表のⒶの金額）	⑩配偶者の税額軽減の基となる金額（⑦×⑧÷⑨）
円 00	円	円 ,000	円

生命保険金などの明細書

被相続人	

第9表（平成21年4月分以降用）

1　相続や遺贈によって取得したものとみなされる保険金など

この表は、相続人やその他の人が被相続人から相続や遺贈によって取得したものとみなされる生命保険金、損害保険契約の死亡保険金及び特定の生命共済金などを受け取った場合に、その受取金額などを記入します。

保険会社等の所在地	保険会社等の名称	受取年月日	受取金額	受取人の氏名
		・　・	円	
		・　・		
		・　・		
		・　・		

資料 8-4　相続税の申告書

相続税がかかる財産の明細書
（相続時精算課税適用財産を除きます。）

被相続人	

第11表（令和2年4月分以降用）

○相続時精算課税適用財産の明細については、この

この表は、相続や遺贈によって取得した財産及び相続や遺贈によって取得したものとみなされる財産のうち、相続税のかかるものについての明細を記入します。

遺産の分割状況	区分	1 全部分割	2 一部分割	3 全部未分割
	分割の日	・　・	・　・	

財産の明細							分割が確定した財産	
種類	細目	利用区分、銘柄等	所在場所等	数量 固定資産税評価額	単価 倍数	価額	取得した人の氏名	取得財産の価額
				円	円	円		円

相続時精算課税適用財産の明細書
相続時精算課税分の贈与税額控除額の計算書

被相続人	

第11の2表（令和2年4月分以降用）

この表は、被相続人から相続時精算課税に係る贈与によって取得した財産（相続時精算課税適用財産）がある場合に記入します。

1　相続税の課税価格に加算する相続時精算課税適用財産の課税価格及び納付すべき相続税額から控除すべき贈与税額の明細

番号	① 贈与を受けた人の氏名	② 贈与を受けた年分	③ 贈与税の申告書を提出した税務署の名称	④ ②の年分に被相続人から相続時精算課税に係る贈与を受けた財産の価額の合計額（課税価格）	⑤ ④の財産に係る贈与税額（贈与税の外国税額控除前の金額）	⑥ ⑤のうち贈与税額に係る外国税額控除額
1				円	円	円
2						
3						
4						
5						
6						

	氏名	（各人の合計）				
贈与を受け	⑦ 課税価格の合計額（④	円	円	円	円	円

資料8-5　相続税の申告書

小規模宅地等についての課税価格の計算明細書

FD3549

第11・11の2表の付表1（令和2年4月分以降用）

被相続人	

この表は、小規模宅地等の特例（租税特別措置法第69条の4第1項）の適用を受ける場合に記入します。
なお、被相続人から、相続、遺贈又は相続時精算課税に係る贈与により取得した財産のうちに、「特定計画山林の特例」の対象となり得る財産又は「個人の事業用資産についての相続税の納税猶予及び免除」の対象となり得る宅地等その他一定の財産がある場合には、第11・11の2表の付表2を、「特定事業用資産の特例」の対象となり得る財産がある場合には、第11・11の2表の付表2の2を作成します（第11・11の2表の付表2又は付表2の2を作成する場合には、この表の「1 特例の適用にあたっての同意」欄の記入を要しません。）。
(注) この表の1又は2の各欄に記入しきれない場合には、第11・11の2表の付表1(続)を使用します。

1　特例の適用にあたっての同意

この欄は、小規模宅地等の特例の対象となり得る宅地等を取得した全ての人が次の内容に同意する場合に、その宅地等を取得した全ての人の氏名を記入します。

私(私たち)は、「2 小規模宅地等の明細」の①欄の取得者が、小規模宅地等の特例の適用を受けるものとして選択した宅地等又はその一部(「2 小規模宅地等の明細」の⑤欄で選択した宅地等)の全てが限度面積要件を満たすものであることを確認の上、その取得者が小規模宅地等の特例の適用を受けることに同意します。

氏名			

(注) 小規模宅地等の特例の対象となり得る宅地等を取得した全ての人の同意がなければ、この特例の適用を受けることはできません。

2　小規模宅地等の明細

この欄は、小規模宅地等の特例の対象となり得る宅地等を取得した人のうち、その特例の適用を受ける人が選択した小規模宅地等の明細等を記載し、相続税の課税価格に算入する価額を計算します。

「小規模宅地等の種類」欄は、選択した小規模宅地等の種類に応じて次の1～4の番号を記入します。
小規模宅地等の種類：1 特定居住用宅地等、2 特定事業用宅地等、3 特定同族会社事業用宅地等、4 貸付事業用宅地等

	小規模宅地等の種類（1～4の番号を記入します。）	① 特例の適用を受ける取得者の氏名〔事業内容〕 ② 所在地番 ③ 取得者の持分に応ずる宅地等の面積 ④ 取得者の持分に応ずる宅地等の価額	⑤ ③のうち小規模宅地等(「限度面積要件」を満たす宅地等)の面積 ⑥ ④のうち小規模宅地等(④×⑤/③)の価額 ⑦ 課税価格の計算に当たって減額される金額(⑥×⑨) ⑧ 課税価格に算入する価額(④－⑦)
選択した小規模	□	①　〔　〕	⑤　. ㎡
		②	⑥　円
		③　. ㎡	⑦　円
		④　円	⑧　円
	□	①　〔　〕	⑤　. ㎡

債務及び葬式費用の明細書

第13表（令和2年4月分以降用）

被相続人	

1　債務の明細（この表は、被相続人の債務について、その明細と負担する人の氏名及び金額を記入します。なお、特別寄与者に対し相続人が支払う特別寄与料についても、これに準じて記入します。）

債務の明細						負担することが確定した債務	
種類	細目	債権者 氏名又は名称	債権者 住所又は所在地	発生年月日 弁済期限	金額	負担する人の氏名	負担する金額
				・・ ・・	円		円
				・・ ・・			
				・・ ・・			
				・・ ・・			
				・・			

資料 8-6　相続税の申告書

相続財産の種類別価額表　（この表は、第11表から第14表までの記載に基づいて記入します。）

FD3539

第15表（令和2年4月分以降用）

被相続人

（単位は円）

種類	細目	番号	各人の合計	（氏名）
※	整理番号		被相続人	
土地（土地の上に存する権利を含みます。）	田	①		
	畑	②		
	宅地	③		
	山林	④		
	その他の土地	⑤		
	計	⑥		
	⑥のうち配偶者居住権に基づく敷地利用権	⑦		
	⑥のうち特例農地等　通常価額	⑧		
	⑥のうち特例農地等　農業投資価格による価額	⑨		
家屋等		⑩		
	⑩のうち配偶者居住権	⑪		
事業（農業）用財産	機械、器具、農耕具、その他の減価償却資産	⑫		
	商品、製品、半製品、原材料、農産物等	⑬		
	売掛金	⑭		
	その他の財産	⑮		
	計	⑯		
有価証券	特定同族会社の株式及び出資　配当還元方式によったもの	⑰		
	特定同族会社の株式及び出資　その他の方式によったもの	⑱		
	⑰及び⑱以外の株式及び出資	⑲		
	公債及び社債	⑳		
	証券投資信託、貸付信託の受益証券	㉑		
	計	㉒		
現金、預貯金等		㉓		
家庭用財産		㉔		
その他の財産	生命保険金等	㉕		
	退職手当金等	㉖		
	立木	㉗		
	その他	㉘		
	計	㉙		
合計（⑥+⑩+⑯+㉒+㉓+㉔+㉙）		㉚		
相続時精算課税適用財産の価額		㉛		
不動産等の価額（⑥+⑩+⑫+⑰+⑱+㉗）		㉜		
債務等	債務	㉝		
	葬式費用	㉞		
	合計（㉝+㉞）	㉟		
差引純資産価額（㉚+㉛−㉟）（赤字のときは0）		㊱		
純資産価額に加算される暦年課税分の贈与財産価額		㊲		
課税価格（㊱+㊲）（1,000円未満切捨て）		㊳	000	000

資料 9-1　贈与税の申告書

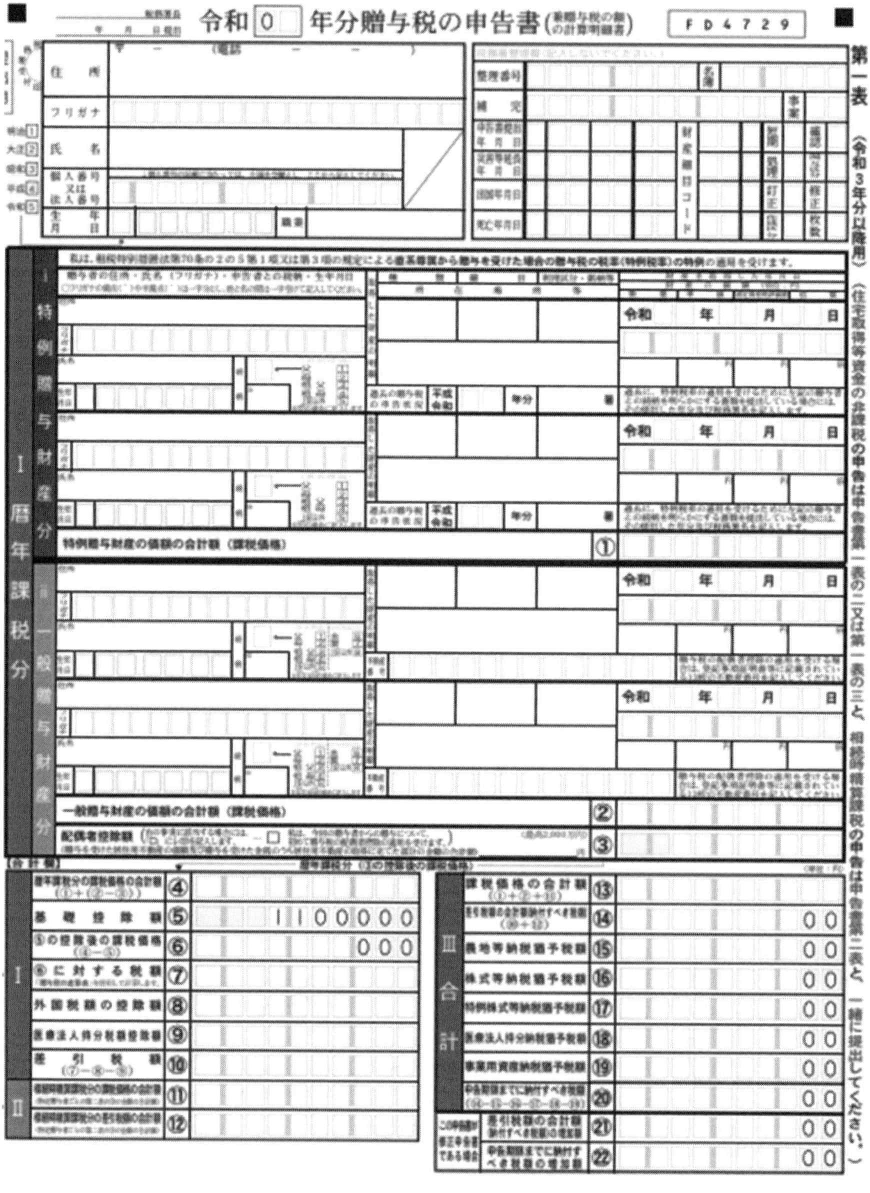

令和 0 年分贈与税の申告書（贈与税の額の計算明細書）　FD4729

第一表（令和3年分以降用）

住所　フリガナ　氏名　個人番号又は法人番号　生年月日　職業

整理番号　名簿　補完

私は、租税特別措置法第70条の2の5第1項又は第3項の規定による直系尊属から贈与を受けた場合の贈与税の税率（特例税率）の特例の適用を受けます。

I 暦年課税分

特例贈与財産分

令和　年　月　日

特例贈与財産の価額の合計額（課税価格）　①

一般贈与財産分

令和　年　月　日

一般贈与財産の価額の合計額（課税価格）　②

配偶者控除額　③

I	暦年課税分の課税価格の合計額（①＋（②－③））	④	
	基礎控除額	⑤	1100000
	⑤の控除後の課税価格（④－⑤）	⑥	000
	⑥に対する税額	⑦	
	外国税額の控除額	⑧	
	医療法人持分税額控除額	⑨	
	差引税額（⑦－⑧－⑨）	⑩	
II	相続時精算課税分の課税価格の合計額	⑪	
	相続時精算課税分の差引税額の合計額	⑫	

III 合計	課税価格の合計額（①＋②＋⑪）	⑬	
	差引税額の合計額（納付すべき税額）（⑩＋⑫）	⑭	00
	農地等納税猶予税額	⑮	00
	株式等納税猶予税額	⑯	00
	特例株式等納税猶予税額	⑰	00
	医療法人持分納税猶予税額	⑱	00
	事業用資産納税猶予税額	⑲	00
	申告期限までに納付すべき税額（⑭－⑮－⑯－⑰－⑱－⑲）	⑳	00
この申告書が修正申告書である場合	差引税額の合計額（納付すべき税額の増加額）	㉑	00
	申告期限までに納付すべき税額の増加額	㉒	00

（住宅取得等資金の非課税の申告は申告書第一表の二又は第一表の三と、相続時精算課税の申告は申告書第二表と、一緒に提出してください。）

資料 9-2　贈与税の申告書

令和 0 年分贈与税の申告書（相続時精算課税の計算明細書）

FD4736

税務署受付印

受贈者の氏名

第二表（令和3年分以降用）（第二表は、必要な添付書類とともに申告書第一表と一緒に提出

相続時精算課

次の特例の適用を受ける場合には、□の中にレ印を記入してください。

□ 私は、租税特別措置法第70条の３第１項の規定による**相続時精算課税選択の特例**の適用を受けます。

（単位：円）

特定贈与者の住所・氏名（フリガナ）・申告者との続柄・生年月日	左の特定贈与者から取得した財産の明細	種類 / 所在場所等	細目	利用区分・銘柄等	財産を取得した年月日 / 財産の価額			
○フリガナの濁点（゛）や半濁点（゜）は一字分とし、姓と名の間は一字空けて記入してください。					数量	単価	固定資産税評価額	倍数
住所					令和　年　月　日			
						円	円	倍
フリガナ					令和　年　月　日			
氏名						円	円	倍
続柄　←父 1、母 2、祖父 3、祖母 4、1～4以外 5					令和　年　月　日			
生年月日　←明治 1、大正 2、昭和 3、平成 4						円	円	倍

財産の価額の合計額（課税価格）	㉓	
特別控除額の計算	過去の年分の申告において控除した特別控除額の合計額（最高2,500万円）	㉔
	特別控除額の残額（2,500万円－㉔）	㉕
	特別控除額（㉓の金額と㉕の金額のいずれか低い金額）	㉖
	翌年以降に繰り越される特別控除額（2,500万円－㉔－㉖）	㉗

令和３年分贈与税の申告書（住宅取得等資金の非課税の計算明細書）

FD4747

税務署受付印

受贈者の氏名

第一表の二（令和3年分用）（第一表の二は、必要な添付書類ととも

住宅取得等資金の非課

次の住宅取得等資金の非課税の適用を受ける人は、□の中にレ印を記入してください。

□ 私は、租税特別措置法第70条の２第１項の規定による住宅取得等資金の非課税の適用を受けます。（注１）

（単位：円）

贈与者の住所・氏名（フリガナ）・申告者との続柄・生年月日	取得した財産の所在場所等	住宅取得等資金を取得した年月日 / 住宅取得等資金の金額
○フリガナの濁点（゛）や半濁点（゜）は一字分とし、姓と名の間は一字空けて記入してください。		
住所		令和　年　月　日
フリガナ		
氏名　続柄　←父 1、母 2、祖父 3、祖母 4、上記以外 5　※5の場合に記入します。		令和　年　月　日
生年月日　←明治 1、大正 2、昭和 3、平成 4	住宅取得等資金の合計額 ㉜	

贈与者の住所・氏名（フリガナ）・申告者との続柄・生年月日	取得した財産の所在場所等	住宅取得等資金を取得した年月日 / 住宅取得等資金の金額
○フリガナの濁点（゛）や半濁点（゜）は一字分とし、姓と名の間は一字空けて記入してください。		
住所		令和　年　月　日
フリガナ		
氏名　続柄　←父 1、母 2、祖父 3、祖母 4、上記以外 5　※5の場合に記入します。		令和　年　月　日
生年月日　←明治 1、大正 2、昭和 3、平成 4	住宅取得等資金の合計額 ㉝	

非課	住宅資金非課税限度額（注２）	新築・取得・増改築等に係る契約年月日	平成 令和	年　月　日	㉞

資料10-1　土地の評価明細書

土地及び土地の上に存する権利の評価明細書（第１表）

局(所)　署	年分	ページ

（住居表示）	（　　）	所有者	住所（所在地）		使用者	住所（所在地）	
所在地番			氏名（法人名）			氏名（法人名）	

地目	地積	路線価				地形図及び参考事項	
宅地 山林 田 雑種地 畑（　　）	㎡	正面	側方	側方	裏面		
		円	円	円	円		

間口距離	m	利用区分	自用地　私道 貸宅地　貸家建付借地権 貸家建付地　転貸借地権 借家権　（　　）	地区区分	ビル街地区　普通住宅地区 高度商業地区　中小工場地区 繁華街地区　大工場地区 普通商業・併用住宅地区
奥行距離	m				

自用地1平方メートル当たりの価額	1　一路線に面する宅地 （正面路線価）　（奥行価格補正率） 円 ×　.	（1㎡当たりの価額）　円	A
	2　二路線に面する宅地 （A）　［側方・裏面 路線価］　（奥行価格補正率）　［側方・二方 路線影響加算率］ 円 ＋ （　円 ×　.　× 0.　）	（1㎡当たりの価額）　円	B
	3　三路線に面する宅地 （B）　［側方・裏面 路線価］　（奥行価格補正率）　［側方・二方 路線影響加算率］ 円 ＋ （　円 ×　.　× 0.　）	（1㎡当たりの価額）　円	C
	4　四路線に面する宅地 （C）　［側方・裏面 路線価］　（奥行価格補正率）　［側方・二方 路線影響加算率］ 円 ＋ （　円 ×　.　× 0.　）	（1㎡当たりの価額）　円	D
	5-1　間口が狭小な宅地等 （AからDまでのうち該当するもの）　（間口狭小補正率）　（奥行長大補正率） 円 × （　.　×　.　）	（1㎡当たりの価額）　円	E
	5-2　不整形地 （AからDまでのうち該当するもの）　不整形地補正率※ 円 ×　0. ※不整形地補正率の計算 （想定整形地の間口距離）　（想定整形地の奥行距離）　（想定整形地の地積） m ×　m ＝　㎡ （想定整形地の地積）　（不整形地の地積）　（想定整形地の地積）　（かげ地割合） （　㎡ －　㎡） ÷　㎡ ＝　% （不整形地補正率表の補正率）　（間口狭小補正率）　（小数点以下2位未満切捨て）　［不整形地補正率（①、②のいずれか低い率、0.6を下限とする。）］ 0.　×　.　＝ 0.　① （奥行長大補正率）　（間口狭小補正率） .　×　.　＝ 0.　② 0.	（1㎡当たりの価額）　円	F
	6　地積規模の大きな宅地 （AからFまでのうち該当するもの）　規模格差補正率※ 円 ×　0. ※規模格差補正率の計算 （地積（Ⓐ））　（Ⓑ）　（Ⓒ）　（地積（Ⓐ））　（小数点以下2位未満切捨て） ｛（　㎡×　＋　）÷　㎡｝× 0.8 ＝ 0.	（1㎡当たりの価額）　円	G
	7　無道路地 （F又はGのうち該当するもの）　（※） 円 × （ 1 － 0.　） ※割合の計算（0.4を上限とする。） （正面路線価）　（通路部分の地積）　（F又はGのうち該当するもの）　（評価対象地の地積） （　円 ×　㎡）÷（　円 ×　㎡）＝ 0.	（1㎡当たりの価額）　円	H
	8-1　がけ地等を有する宅地　〔南、東、西、北〕 （AからHまでのうち該当するもの）　（がけ地補正率） 円 ×　0.	（1㎡当たりの価額）　円	I
	8-2　土砂災害特別警戒区域内にある宅地 （AからHまでのうち該当するもの）　特別警戒区域補正率※ 円 ×　0. ※がけ地補正率の適用がある場合の特別警戒区域補正率の計算（0.5を下限とする。） 〔南、東、西、北〕 （特別警戒区域補正率表の補正率）　（がけ地補正率）　（小数点以下2位未満切捨て） 0.　× 0.　＝ 0.	（1㎡当たりの価額）　円	J
	9　容積率の異なる2以上の地域にわたる宅地	（1㎡当たりの価額）　円	

（平成三十一年一月分以降用）

資料10-2　各種調整率表

土地及び土地の上に存する権利の評価についての調整率表（平成31年1月分以降用）

① 奥行価格補正率表

地区区分／奥行距離m	ビル街	高度商業	繁華街	普通商業・併用住宅	普通住宅	中小工場	大工場
4未満	0.80	0.90	0.90	0.90	0.90	0.85	0.85
4以上 6未満		0.92	0.92	0.92	0.92	0.90	0.90
6 〃 8 〃	0.84	0.94	0.95	0.95	0.95	0.93	0.93
8 〃 10 〃	0.88	0.96	0.97	0.97	0.97	0.95	0.95
10 〃 12 〃	0.90	0.98	0.99	0.99	1.00	0.96	0.96
12 〃 14 〃	0.91	0.99	1.00	1.00		0.97	0.97
14 〃 16 〃	0.92	1.00				0.98	0.98
16 〃 20 〃	0.93					0.99	0.99
20 〃 24 〃	0.94					1.00	1.00
24 〃 28 〃	0.95				0.97		
28 〃 32 〃	0.96		0.98		0.95		
32 〃 36 〃	0.97		0.96	0.97	0.93		
36 〃 40 〃	0.98		0.94	0.95	0.92		
40 〃 44 〃	0.99		0.92	0.93	0.91		
44 〃 48 〃	1.00		0.90	0.91	0.90		
48 〃 52 〃		0.99	0.88	0.89	0.89		
52 〃 56 〃		0.98	0.87	0.88	0.88		
56 〃 60 〃		0.97	0.86	0.87	0.87		
60 〃 64 〃		0.96	0.85	0.86	0.86	0.99	
64 〃 68 〃		0.95	0.84	0.85	0.85	0.98	
68 〃 72 〃		0.94	0.83	0.84	0.84	0.97	
72 〃 76 〃		0.93	0.82	0.83	0.83	0.96	
76 〃 80 〃		0.92	0.81	0.82			
80 〃 84 〃		0.90	0.80	0.81	0.82	0.93	
84 〃 88 〃		0.88		0.80			
88 〃 92 〃		0.86			0.81	0.90	
92 〃 96 〃	0.99	0.84					
96 〃 100 〃	0.97	0.82					
100 〃	0.95	0.80			0.80		

② 側方路線影響加算率表

地区区分	加算率	
	角地の場合	準角地の場合
ビル街	0.07	0.03
高度商業、繁華街	0.10	0.05
普通商業・併用住宅	0.08	0.04
普通住宅、中小工場	0.03	0.02
大工場	0.02	0.01

③ 二方路線影響加算率表

地区区分	加算率
ビル街	0.03
高度商業、繁華街	0.07
普通商業・併用住宅	0.05
普通住宅、中小工場	0.02
大工場	0.02

④ 不整形地補正率を算定する際の地積区分表

地区区分／地積区分	A	B	C
高度商業	1,000㎡未満	1,000㎡以上 1,500㎡未満	1,500㎡以上
繁華街	450㎡未満	450㎡以上 700㎡未満	700㎡以上
普通商業・併用住宅	650㎡未満	650㎡以上 1,000㎡未満	1,000㎡以上
普通住宅	500㎡未満	500㎡以上 750㎡未満	750㎡以上
中小工場	3,500㎡未満	3,500㎡以上 5,000㎡未満	5,000㎡以上

⑤ 不整形地補正率表

地区区分／地積区分／かげ地割合	高度商業、繁華街、普通商業・併用住宅、中小工場			普通住宅		
	A	B	C	A	B	C
10%以上	0.99	0.99	1.00	0.98	0.99	0.99
15% 〃	0.98	0.99	0.99	0.96	0.98	0.99
20% 〃	0.97	0.98	0.99	0.94	0.97	0.98
25% 〃	0.96	0.98	0.99	0.92	0.95	0.97
30% 〃	0.94	0.97	0.98	0.90	0.93	0.96
35% 〃	0.92	0.95	0.98	0.88	0.91	0.94
40% 〃	0.90	0.93	0.97	0.85	0.88	0.92
45% 〃	0.87	0.91	0.95	0.82	0.85	0.90
50% 〃	0.84	0.89	0.93	0.79	0.82	0.87
55% 〃	0.80	0.87	0.90	0.75	0.78	0.83
60% 〃	0.76	0.84	0.86	0.70	0.73	0.78
65% 〃	0.70	0.75	0.80	0.60	0.65	0.70

⑥ 間口狭小補正率表

地区区分／間口距離m	ビル街	高度商業	繁華街	普通商業・併用住宅	普通住宅	中小工場	大工場
4未満	−	0.85	0.90	0.90	0.90	0.80	0.80
4以上6未満	−	0.94	1.00	0.97	0.94	0.85	0.85
6 〃 8 〃	−	0.97		1.00	0.97	0.90	0.90
8 〃 10 〃	0.95	1.00			1.00	0.95	0.95
10 〃 16 〃	0.97					1.00	0.97
16 〃 22 〃	0.98						0.98

⑧ 規模格差補正率を算定する際の表

イ　三大都市圏に所在する宅地

地積㎡／記号　地区区分	普通商業・併用住宅 普通住宅 Ⓑ	Ⓒ
500以上1,000未満	0.95	25
1,000 〃 3,000 〃	0.90	75
3,000 〃 5,000 〃	0.85	225
5,000 〃	0.80	475

ロ　三大都市圏以外の地域に所在する宅地

地積㎡／記号　地区区分	普通商業・併用住宅 普通住宅 Ⓑ	Ⓒ
1,000以上3,000未満	0.90	100
3,000 〃 5,000 〃	0.85	250
5,000 〃	0.80	500

資料 11-1　税制の一断面

① 島根県・隠岐島旅行での見聞（2021 年 7 月）

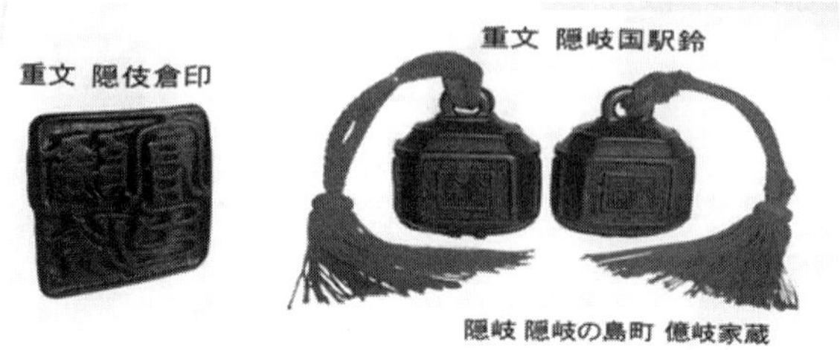

・飛鳥奈良時代の律令制では米穀等を正税（しょうぜい）として徴収。
これを貯蔵しておく倉を正倉と言い、貯蔵されている正税の出納の際に使用されたのが左の**【隠伎倉印】**。
中央政府から遠く離れた離島にも、律令制度が浸透していたのは驚き！
右は「**隠岐国駅鈴**」で大化 2 年（646 年）の駅伝の制度に伴うもの。

② 高知市・朝市で入手の「地 券」（2016 年 3 月）

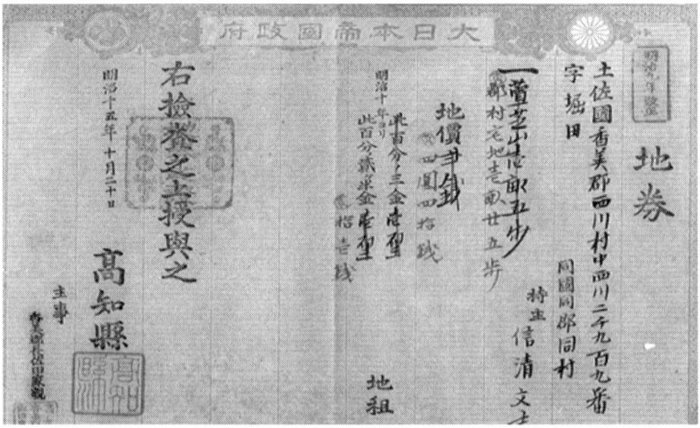
大日本帝國政府
地券
土佐國香美郡西川村中西川二千九百九番
字堀田
同國同郡同村
持主 信清
右檢査之上授與之
明治十五年十月二十日
高知縣

・江戸時代、農地は武士階級が所有→明治維新で版籍奉還や廃藩置県→農地は一旦国が所有→土地永代売買禁止の解除→土地売買に際し**買主に地券を交付**→土地所有権→地租の課税

資料11-2　税制の一断面

③ 日本最西端の与那国島旅行での見聞（2022年11月）

沖縄・石垣から空路30分。（台湾まで約110kmだが旅行日は雨で見えず）

国境の島で2016年に自衛隊の駐屯地ができた。テレビドラマ『DR.コトー診療所』のロケ地。

薩摩藩からは人口に応じて過酷な人頭税を課されるため、人口調整のため、惨いことが行われていた由。（『与那国の歴史』池間 栄三著）

下記は観光名所の「海底遺跡」でグラスボートからリアルに見られる。

資料11-3　税制の一断面

④ 日本の長者番付…………歴史を感じる！

2006年までは税務署が超高額所得者名を公表していた。

家電隆盛期の数字で、懐かしいお方の名前。

（出典：『日本の長者番付』菊地浩之著・平凡社）

沸騰する日本経済

この章の対象である一九五四年度から一九六八年度は、日本経済が高度経済成長で沸いた時期である。

その間の長者番付のトップを列記すると、次のようになる。

・一九五四年度　井植歳男　一億一三八一万円　三洋電機社長
・一九五五年度　松下幸之助　一億二〇五六万円　松下電器産業社長
・一九五六年度　松下幸之助　一億八一三〇万円　松下電器産業社長
・一九五七年度　松下幸之助　二億一〇一一万円　松下電器産業社長
・一九五八年度　松下幸之助　二億三九九〇万円　松下電器産業社長
・一九五九年度　松下幸之助　二億五六八六万円　松下電器産業社長
・一九六〇年度　石橋正二郎　三億〇八九六万円　ブリヂストンタイヤ社長
・一九六一年度　松下幸之助　三億五六七〇万円　松下電器産業社長
・一九六二年度　松下幸之助　四億四〇〇〇万円　松下電器産業社長
・一九六三年度　松下幸之助　四億八四三四万円　松下電器産業会長

・今は週刊誌等が自社株式等を基にランキングを発表。

2022年版が下記。（個人名はカットした）

名前	関連	年齢	資産額（10億＄）	資産額（兆円）
	ファーストリテイリング(ユニクロ)	73	26.1	3.21
	キーエンス	76	23.9	2.94
	ソフトバンク	64	21.3	2.62
	ユニ・チャーム	60	6.4	0.79
	日本電産	77	5.4	0.66

資料12　高齢者対象の施設・住宅の種類

			概　要	入居対象	入居金	月額費用	備　考
公共型	a	特別養護老人ホーム(特養)	安価で入れる公共型ホーム	要介護3以上	なし	所得に応じ6～20万円	場所により、待機者が多い。
	b	介護老人保健施設(老健)	病院治療後は在宅復帰	〃1～5	なし	健康保険対象	(特養の待機に利用のケースも)
民間型	c	介護付有料老人ホーム	施設内スタッフが介護サービス提供	自立・要支援・要介護	0～1億円以上	10～50万円	24時間のケア体制。重度対応も可能【サービス内容は金次第】
	d	住宅型有料老人ホーム	介護サービスは外部業者と契約	自立・要支援・要介護	0～1億円以上	10～50万円	24時間のケア体制の所もある。【サービス内容は金次第】
	e	サービス付高齢者住宅・サ高住	高齢者向けバリアフリー賃貸住宅	60歳以上・要介護認定者	0～数十万円	8～25万円＋介護費用	介護サービスは外部業者と契約。近年増加中だがピンキリ。
	f	グループホーム	認知症の高齢者対象の共同生活施設	認知症診断・要支援2～	0～数百万円	12～20万円	認知症の人だけが入居できる。
	g	シニア向け分譲マンション	高齢者向け分譲や賃貸のマンション	制限なし	2千万円～1億円	15万円～ 10万円～	バリアフリー等の配慮や食事提供や医療サービス充実の所も。

・cやdは、入居一時金の大小に反比例して月額費用が変動する。また入居～最後（死亡や自主退去）の期間に応じて、当初納入額の一定割合が返戻されるが、かなりの部分が戻ってこない。

・eに類似で部屋の面積が狭いが入居費用が安く、aに準じた利用実態の所もある。介護サービスは外部業者から。

・gは自己所有マンションだが、いざというときの換金性が保障されるかのリスクがる。

参考文献

・『老いの品格』（和田 秀樹 著・PHP 新書）
・『80 歳の壁』（和田 秀樹 著・幻冬舎）
・『おひとり様の相続・4 つの対策』（松田 真紀子 著・ぱる出版）
・『女は 4 つの顔で相続する』（税理士 本郷 尚 著・白揚社）
・『こころの相続』（税理士 本郷 尚 著・言視舎）
・『コロナショックと昭和おじさん社会』（河合 薫 著・日経 BP）
・『障がいのある子の「親なきあと」対策 』（藤原 由親 著・日本法令）
・『成年後見のしくみと申請手続き』（安部 高樹 著・三修社）
・『税から読みとく歴史・社会と日本の将来』（栗原 克文 著・金融財政事情研究会）
・『税理士のための相続法と相続税法』（小池 正明 著・清文社）
・『租税法』（金子 宏 著・弘文堂）
・『相続の日本史』（安藤 優一郎 著・日経プレミア）
・『相続の話をしよう』（関根 稔 著・財経詳報社）
・『税理士のための百箇条』（関根 稔 著・財経詳報社）
・『タイムリミットで考える相続税対策実践ハンドブック』（山本 和義 著・清文社）
・『「遺言があること」の確認』（山本 和義 監修・TKC 出版）
・『相続税の申告と書面添付』（TKC 全国会相続税書面添付検討チーム 編著・TKC 出版）
・『相続税法の論点』（小林 栢弘 編著・大蔵財務協会）
・『人はなぜ税を払うのか』（浜 矩子 著・東洋経済新報社）
・『日本の税金』（三木 義一 著・岩波新書）
・『税のタブー』（三木 義一 著・集英社）
・『図解 2 時間でわかる！はじめての家族信託』（宮田 浩志 著・クロスメディア・パブリッシング）
・『ボクはやっと認知症のことがわかった』（長谷川 和夫、猪熊 律子 著・KADOKAWA）
・『私たちはなぜ税金を納めるのか』（諸富 徹 著・新潮社）

おわりに

・私は既往に下記２冊を自費出版し、今回が集大成としての３冊目です。

　・『相続＆争族の現場』　2019年９月発行

　・『市民目線からの税法読本』　2020年８月発行

・誰しも、歳を取り相続を経て次世代にバトンタッチしていきますが、夫婦・家族を取り巻く社会環境は、昭和期とその後では大きく変化しています。

この変化を踏まえ、「団塊の世代」そして子供達の「団塊ジュニア」のお互いが、70歳～100歳の高齢期での財産や介護・認知症等にどう向き合っていくかに焦点をあて、論点を整理し対策を提案させて頂きました。

・相続税申告業務や種々の相談事例を通して、私なりに気づき再認識したことを端的に申せば、下記の４点です。

　・「相続は、人生とお金の総決算。そして次世代へのバトン渡し」

　・「十人十色、相続は100通り」

　・「夫婦・親子・兄弟、みんな円満な家族であってほしいもの」

　・以前はPPK（ピンピンコロリ）、今後はn.h.k.（認知症・百歳・介護）➡しからば……

人生100年時代ではお金は当然大切ですが、節税テクニックに走る前に、認知症や介護等も織り込んだシルバープランが重要になってくる筈です。

・本書の原稿作成に着手して約２年ですが、この過程で多くのことを学び、そして自分自身のシルバープランの一部を軌道修正しました。

・本書が皆様にとって、一つでもお役に立てたら幸いです。

2022年12月

税理士　大　谷　　明

著者略歴

大谷　明（おおたに あきら）

1946年4月　兵庫県で生まれる。
1969年3月　神戸大学　法学部卒業
1969年4月　三洋電機㈱に入社（主として債権管理業務に従事）
※在職中の1977年11月に税理士試験に合格
1995年10月　会社を退職し、税理士業の修行
1998年8月　税理士事務所を開業
事務所HP：otani-zeimukaikei.tkcnf.com

人生100年時代の相続と税　団塊世代と団塊ジュニアの方々へ

2023年1月9日　第1刷発行

著　者　大谷　明
発行人　大杉　剛
発行所　株式会社 風詠社
〒553-0001　大阪市福島区海老江 5-2-2
大拓ビル 5 - 7 階
TEL 06（6136）8657　https://fueisha.com/
発売元　株式会社 星雲社
（共同出版社・流通責任出版社）
〒112-0005　東京都文京区水道 1-3-30
TEL 03（3868）3275
印刷・製本　シナノ印刷株式会社

ISBN978-4-434-31536-7 C0033